沧州武术文化传承与保护研究

郑寿存　著

吉林文史出版社
JILIN WENSHI CHUBANSHE

图书在版编目（CIP）数据

沧州武术文化传承与保护研究／郑寿存著. -- 长春：
吉林文史出版社，2023.5
ISBN 978-7-5472-9401-7

Ⅰ. ①沧… Ⅱ. ①郑… Ⅲ. ①武术—传统文化—文化
研究—中国 Ⅳ. ①G852

中国国家版本馆 CIP 数据核字（2023）第 086169 号

沧州武术文化传承与保护研究

CANGZHOU WUSHU WENHUA CHUANCHENG YU BAOHU YANJIU

出 版 人　张　强
作　　者　郑寿存
责任编辑　柳永哲
装帧设计　钟晓图
印　　刷　三河市嵩川印刷有限公司
开　　本　710 mm×1000 mm　1/16
印　　张　11
字　　数　200 千字
版　　次　2023 年 5 月第 1 版
印　　次　2024 年 1 月第 1 次印刷

出版发行　吉林文史出版社
地　　址　长春市净月开发区福祉大路 5788 号
网　　址　www.jlws.com.cn
书　　号　ISBN 978-7-5472-9401-7
定　　价　58.00 元

目　录

第一章　沧州武术概述

第一节　沧州武术的历史

沧州，位于河北省东南部。沧州为"武术之乡"，按照现在的行政区划，包括沧州市区、郊区，市辖沧县、青县和沧州地区所辖泊头市、河间市、任丘市、黄骅市、海兴县、盐山县、孟村回族自治县、南皮县、东光县，吴桥县、献县、肃宁县及南大港农场、中捷农场。此地区，东滨渤海，西近太行，南邻山东，北倚京津，坐标为东经115°6′~117°8′，北纬33°9′~37°4′。东西向181千米，南北向165千米，面积13735.2平方千米，海岸线48千米。

沧州始建于北魏熙平二年（517）。今沧州"武术之乡"一带，自唐尧至今，隶属多变。唐尧时或属兖州，或属冀州，史书不详。战国时属齐，为齐之北地；秦时属巨鹿、济北二郡；三国时属魏；南北朝时属北魏；北宋时属河北东路；元时属中书省；明时属京师；清时属直隶省；民国二年（1913）改沧州为沧县，属直隶省（后为河北省）；1949年10月，属沧县专区和山东省德州专区；1953年，分属沧县、天津、定县专区；1958年6月，沧、津两专区合并为天津专区，同年12月划归天津市；1961年重设沧州专区；1978年改为沧州地区；1984年，沧州市升为省辖市。今沧州"武术之乡"，含沧州地区和沧州市所辖县、市。

一、沧州武术的历史和发展

沧州，地滨渤海，自古荒凉瘠贫。春秋战国时，诸侯相争，战乱频繁，民必讲武求备，非尚武不可图存。边远地带，武风尤盛。民间武风，为封建王朝所畏。《汉书·龚遂传》载，龚遂出任渤海郡（沧州前身）太守时，曾告示乡民"卖刀买犊，卖剑买牛"。至隋唐时，此地遒劲之风愈强，"俗俭风浑、淫巧不生，朴毅坚强，果于战耕"。沧州建治后，屡有名将出现。元时，蒙古人涌入中原，阶级矛盾和民族矛盾日趋激化。人民为了反对封建盘剥和压榨，沧州民间武风益盛。皇庆元年（1312）十一月，沧州乡民与蒙古军发生激战。明建文元年（1399）"靖难之役"，沧州乡民多被杀戮，更激乡民武风。正德六年（1511）九月，乡众为封建压迫所逼，杨虎等率众攻沧。次年八月，州民仲善良等率乡民反抗，大掠沧州官吏富豪，激怒朝廷。正德十五年（1520），降"严沧州捕盗之令"。崇祯二年（1629）除夕夜，清兵突袭沧州，民遭重劫。民为反抗，必扬武风。清代中期，沧州民间武术迅速普及；练武之场所遍布沧州城乡。雍正初，农民抗租，商民罢市，手工业叫歇，朝廷不安。雍正五年（1727）十一月，帝降谕："常有演习拳棒之人，自号教师，召诱众徒，蛊惑愚民，此等多系游手好闲之流。而强悍少年之学习，废弛营生之道，群居终日，尚气角胜，以致赌博、酗酒、打降之类，往往由此而起。甚切有以行教为名，勾结盗窃贼扰累地方者。若言民间学习拳棒可以防身御侮，不知人果，谨遵国法，为善良，尚廉耻，则盗贼之风尽息，而斗讼之累日消，又何须拳棒以防身乎？若使实有膂力勇尽过人，何不学习弓马，或就武科考试，或投营伍为国家效力，以图荣身上进，岂可私行教习诱惑小民！着各省督抚转饬地方官，将拳棒一事严行禁止，如有仍前自号教师及投师学习者，即行拿究。"沧州乡民，由于压迫难忍，饥饿难熬，赋税难承，遂置圣旨于不顾，习武之风更甚。嘉庆十三年（1809）七月，帝又降谕："饬省督抚认真踹缉，清查保甲，密访为首棍徒姓名，聚赌斗械之案，拿获尽法惩治。"亦即在朝廷严禁民间习武之时，沧州武林门类、拳械迅速发展，形成"武术之乡"而名扬于外。

　　清末政权愈加腐败。道光二十年（1840）开始鸦片战争，帝国主义侵华，激起民众反清抗洋之愤，练武更盛。咸丰三年（1853）十月二十七日，沧州知州沈如潮和守尉德成，奉旨率军数千迎战太平军于沧州城南红孩口。太平军受乡众支援，沈被杀，德成负伤落水而亡。朝廷派北堡千总刘世禄率军襄助，亦葬身于此。光绪二十二年（1896）和二十四年（1898），清政府支持英、法于沧建起教堂。民为反赃官，灭洋教，兴义和团，乃设坛练武。沧州义和团运动遭沧州知州商作霖、乐军统领梅东益及其帮凶范天贵镇压，民怒不可遏，练武以备再战。清末民初，军阀混战，继而日军侵华，沧州武林众士，胸怀强种救国之志，广播武技。

　　自古燕国至明清，多代王朝建都于幽燕，沧州乃畿辅重地，为历代兵家必争。据史籍载，自齐桓公二十二年（664）桓公援燕伐山戎以来，各朝各代均有多次战争发生于沧州一带。频繁之战事，民遭涂炭，民生维艰，故须掌握攻防格斗之技方能自救图存。沧州，古有"远恶郡州"之称，明时有"小梁山"之号，可见沧州武风之盛和武术之发展，与特定地理环境关系甚密。

　　古之沧州，沿渤海方圆百余里，均系芦荡荒滩，人烟稀少，既是犯军发配之地，又是叛将蔽身良所。明清时，一些受朝廷缉拿之叛将，寻沧州民众强悍喜武之俗以蔽其身。他等隐姓埋名，化装僧道游侠，传艺维生。八极门之"癫""癖"，功力门之"邱"，太祖门之"顺元和尚"，通臂门之"韩姓道人"，闯王刀法之"秦氏夫妇"等，为人正义，武艺高强，为发展沧州武术其功非浅，但均未透露真实姓名与身世。

　　沧州，地处"九河下梢"，土地瘠薄，旱、涝、虫灾不时降临。正常年景，许多人家糠菜半年粮。重灾之年，流浪乞讨，卖儿鬻女者不鲜。民谣云："抛弃黄口儿，一乳恩情尽；但恨生不辰，莫怨父母忍。"许多壮丁，以贩盐维生，而官府缉拿甚严。民求生不得，必然反抗，反抗则必习武事。乾隆《沧州志》载

"沧邑俗劲武尚气力，轻生死，自古以气节著闻。承平之世，家给人足，趾高气扬，泱泱乎表海之雄风。一旦有事，披肝胆，出死力，以捍卫乡间，虽捐弃顶踵而不恤"，说明了沧州人民自古就尚义任侠。

京杭大运河纵穿沧境，京济、京大要道贯通南北。沧州、泊头、鄚州、河间、献县均为南北水旱交通要冲，为京、津、冀、鲁、豫商品流通必经之地或商品集散中心，亦为官府巨富走镖要道，故沧州镖行、旅店、装运等行业兴盛。各业相争，必握高强武技才可立足。清末，"镖不喊沧州"，已为南北镖行同遵之常规。

沧州系多民族地区。由于历史原因，曾发生过隔膜与误解，但不快之事，逐渐融洽。民族之间的不快，促武术发展；民族融洽，又相互交流技艺，更推动武术之发展。

唐建科举制，延续多代。至明中期，建武乡试、武会试之制，清光绪二十七年（1901）才行废止。明清武科，对沧州武术发展亦有促进。此时武举人、进士达1800余人。民国七年（1918），直隶督军曹锟为扩充其势力，在沧招募武士数十名到其武术营任教或当兵。此举，对沧州武术发展具有推动作用。民国十七年（1928），沧籍国民军陆军上将张之江，大力提倡强身御侮，强种救国，沧州入馆任教或深造者近百人。同时，省、县建国术馆或民众教育馆，倡导武术，"八式房"遍及沧境城乡，习武者甚众。

沧州武林人士，一向注重内外交流。来沧授艺者，热情款待。又有不少人周游祖国南北，或设镖局，或任镖师，或于民间教徒，或入军旅授艺，或寻师访友学技，或参加擂台比武。霍殿阁被清末代皇帝爱新觉罗·溥仪聘为武师；王正谊助谭嗣同变法声震京城；王子平屡胜外国大力士于擂台之上；马凤图、马英图传艺于西北五省、区；佟存、佟忠义、张占魁、孙文勃、杨积善、刘振山、张殿奎、吴秀峰、卢振铎、贾耀亭等授徒不下数万，遍及十余省、市。同时，又能吸取各地武技精华，充实沧州武林。因而，沧州武林门类和独立之拳械技艺愈加丰富，许多拳械套路，经过提炼、改进、创新，独具沧州特色。

1949年10月1日，中华人民共和国成立。中国共产党和人民政府，视中华武术为优秀民族文化遗产，纳入民族体育项目，沧州武术得到复兴。自1953年11月，天津全国民族形式体育表演大会以后，王子平、佟忠义、王金声等被选入赴京表演团，1959年9月，王子平当选第一届全国运动会武术竞赛委员会主任，参加国庆大典。1960年，王子平及其女儿王菊蓉随国家代表团访问缅甸。同时，沧州武术运动员在沧州各级武术比赛及省和全国武术比赛中多人多次获奖，对沧州武术之再兴，具有巨大推动力。

1979年中共十一届三中全会后，沧州武术再次振兴。地、市及各县相继建立武术协会，建立、恢复、充实业余体校武术队，配备领导和教练人员，增添武术训练设施。一些中小学校开设武术课，编排武术操，民办武术馆、社，如雨后春笋，迅速蓬勃发展。同时，地、市、县每年举办武术比赛，鼓励先进，扩大传播和交流。1983年，全面进行传统武术挖掘整理的工作，获得丰收。从而，传统武术得以继承和发扬，国家规定套路得以广泛传播。沧州武术运动员参加省和国家级比赛，多次名列榜首，有些被选入省和国家武术组织或高等院校。沧州武林人士，还有的担任省和国家武术组织领导职务，有的为武术教授或高级教练。在沧州境内，习武者数十万人，沧州"武术之乡"名声再振，1985年，河北省体委正式命名。

沧州武术，一向被称为"开放型"。随着改革开放政策的贯彻，沧州武术不仅愈来愈受国人喜爱，亦愈来愈受国际重视。在国内，邀沧籍武师前去授艺和来沧习艺者，遍布全国各地。在国际，沧籍武师应邀授艺讲学和派员来沧考察和习艺者，涉及20多个国家和地区。

为弘扬武术文化，1989年10月，沧州举办首届武术节，参赛者万余人。时任中国武协主席徐才、河北省体委主任吴振华、河北省武协主席刘鸿雁与会指导。此后武术节每4年举办一次。

沧州武林门类及独立之拳、械，除失传者外，计50余种，其主要分布状况为：沧州市区、郊区及沧州地区东、南部，有六合、八极、秘宗、功力、太祖、通臂、劈挂、唐拳、螳螂、昆仑、飞虎、太平、八盘掌、地躺、青萍剑、昆吾剑、闯王刀、疯魔棍、苗刀等；沧州地区西部，有形意、戳脚、翻子、少林、埋伏、花拳、勉张、短拳、阴手枪、杨家枪等。太极、八卦遍布各地。

沧州武术，流传年深，支系日繁，又在不断改进或创新，故虽一门类，而各支系套路多寡不一，拳械动作招式数量不一，演练速度亦不尽相同。但同一门者，其风格特点仍保留不变。

沧州武术继往开来，仍在不断发展中。

二、日新月异说新城

近年来，沧州成为一个开放的沿海城市。

沧州地处河北省东南，东临渤海，北靠京津，与山东半岛及辽东半岛隔海相望。总面积1.4万平方千米，总人口690万。1988年被国务院确定为环渤海经济开放城市。

沧州交通便利。京沪、京九铁路贯穿南北，京广、京福、银歧等多条国道纵横全市。随着朔黄铁路、京沪、石黄、津汕高速公路和黄骅港的相继通车、通航，沧州成为冀中南、鲁西北以及晋、陕和内蒙古等西部地区连接国际市场的重要通道和出海口。而被称为"陆上的京杭大运河"的中国第一高铁京沪高铁的开通，更让沧州处于"京津冀一小时经济圈""沿京沪交通线接受长三角辐射的最前沿"，让这座古老而又充满朝气与希望的沿海城市的发展进一步提速。

沧州还是全国著名的"鸭梨之乡""金丝小枣之乡""铸造之乡"和"弯头

管件之乡"。

三、沧州武术名天下

"武健泱泱乎有表海雄风",沧州兼得燕赵文化的滋养和齐鲁文化的熏陶,民风淳朴,既崇文,又尚武。沧州人民自古刚直淳厚,尚义任侠。沧州武风之盛,名扬海内外;沧州武术历史悠久,门派繁多,人文鼎盛,乃中国武术发源地之一。武术成为沧州独特的地域文化和弥足珍贵的历史文化资源。

沧州武术薪火相传,习武风尚沿袭不衰,催生镖行等诸业兴旺。明末清初,武林门派纷纷涌现,如现在仍然传承兴盛的六合拳、太祖拳、八极拳等均发源于此。至清朝中期,在沧州民间,武术得到大力普及,练武场所遍布城乡,沧州武术达到最盛时期。至清朝末年,朝廷及王府的护卫、京津等地的镖师、军阀部队里的武术教头,到处都有沧州人的身影。

近年来,沧州武术以其开放的品格,吸纳了其他现代成分,武术门类、拳械技艺愈加丰富,门派、拳械达到53个,占全国129种门类、拳械的40%多,其中八极拳、劈挂拳和迷踪拳被列入国家极具代表性的十大优秀拳种。

沧州武术节至今已举办了十届,2018年9月19日举办的第十届中国·沧州国际武术节,升格为国际性赛事,吸引了世界各国武术爱好者前来参赛,聚集了世界关注的目光。

四、中国武术第一乡

1982年,国家体委批准命名沧州市为"武术之乡"。沧州成为中国第一个,也是迄今为止唯一一个获此殊荣的设区市。

源起或流传于沧州的武术门派众多,有八极、劈挂、燕青、六合、功力、太祖、查滑、螳螂等53个拳种,既有大开大合的勇猛长势,又有推拨擒拿的绝技巧招，讲究实战，具有刚猛剽悍、力度丰满、长短兼备的风格特点。

据地方志载，明代沧州人中武进士的 49 名，中武举的 265 名；清代中武进士的 330 名，武举人 813 名，武状元 7 名。其中许多人为保境安民立下战功。当然，考取功名的只是极少数的武林人士，更多的武侠则是行走绿林江湖之中。民间既务农兼习武的，更是不计其数。民族危机之时，国难当头之日，国内武术豪杰纷纷投身革命，不少沧州武林人士成为领军人物，像王正谊、霍元甲、张之江、佟忠义、王子平、霍殿阁等，都是其中的佼佼者。

1915 年，大侠霍元甲创办精武体育会，仅 3 年时间就在国内许多省份及东南亚、马来西亚、泰国、印尼、新加坡等国成立分会，影响极广。

1928 年，由沧州武术家张之江发起创办的"中央国术馆"在南京成立，米连科、王子平、郭锡山、孙文勃、黄柏年、马英图、姜容樵等众多沧州武林高手先后在国术馆任国术教授，此后"国术"一词取代了"武术"。1933 年，张之江创办了以武术为主、兼习各项现代体育运动项目的"南京体育专科学校"，武术向体育运动方向发展由此而发端。

滥觞于春秋时期的沧州武术，历经两千年陶冶嬗变，不断丰富成熟，至新中国成立后更是焕发了光彩。现在，武术在沧州已成参天大树，深深植根于民间，涌现出一大批杰出人士。武林豪杰众多，武术门派林立，武术之乡名不虚传。

沧州武术源远流长，博大精深，是一座亟待开发的文化宝藏，是沧州人引以为豪的镇市之宝，是沧州独具魅力的城市名片，是拉动沧州城市未来发展的文化原动力。

第二节 沧州武术特点

"南有莆田（武当）、中有登封（少林）、北有沧州。"作为全国首批地级市武术之乡，沧州传统武术有着鲜明的地域色彩和个性特征，在中华武术大格局中占有重要地位。

一、历史性特征——源远流长

沧州武术源于春秋，兴于明，盛于清，至乾隆时，武术之乡的规模已形成，清末至民国初年，渐渐达到鼎盛，"武健泱泱乎有表海雄风"是史志对沧州武术之乡的传神描述。

二、丰富性特征——门派众多

沧州武术丰富广博，源起或流传于沧州的拳械门派多达 53 种，占全国 129 个武术门派拳种的 40.3%，是中华武术精华聚集之地、集中展示之地。

三、稀有性特征——独树一帜

沧州武术的代表性拳种有八大门派：劈挂、燕青、六合、八极、八卦、功力、查滑、太祖，各有特色，广泛传承；而疯魔棍、苗刀、戳脚、阴手枪等拳械则为沧州所独有。

四、共存性特征——兼收并蓄

除传统武术资源雄厚外，沧州武术以其开放性品格，近年来又吸纳了跆拳道和规范武术套路等积极成分，技击性和观赏性更为突出。

五、传奇性特征——名家辈出

霍殿阁被末代皇帝聘为武师，王正谊（大刀王五）襄助谭嗣同变法声震京师，王子平（千斤王）屡胜外国大力士为国争光，张之江出任中央国术馆首任馆长，都成为武林美谈……许多门派的诞生，都有着高手、奇人传艺的故事传奇。一部沧州武术史，可谓是由众多武林传奇写就。

六、技击性特征——刚劲威猛

沧州武术既有大开大合的勇猛长势，又有推拨擒拿的绝技巧招，刚猛剽悍、力度丰满，长短兼备、朴中寓鲜，速度快、力度大、讲究实战功能。

七、文化性特征——底蕴深厚

沧州武术在一招一式中承载着中华传统文化的阴阳、内外、刚柔、方圆、天地、义理等哲学元素和基本理念，渗透着儒、释、道多种思想和意蕴，具有浓郁的文化色彩。

第三节　沧州武术的内涵

一、崇尚节义重武德

沧州武术之所以能在全国乃至世界上产生影响，是因为沧州武林历来推崇爱国爱民、惩恶扬善为主的武德，而历史上一些有大成就的沧州武术大师，也用自己的狭义壮举，向世人展示了一个慷慨壮烈、崇尚节义的沧州。武德，成为沧州武术一个不可分割的重要部分。

沧州武林之中，流传着这样一句话：未曾学艺先学礼，未曾习武先习德。武术的招法，都是以如何打败对手为出发点的，针对人体各部位的弱点设计，一旦出手，便可致人伤残。因此，真正的武术家出手都是极为谨慎的，不到极危险时不会用险招。像"少林门"，就有"八打""八不打"的规定，以规范习武者的动作。

从明末开始，沧州相继诞生的各大武术门派都制定了入门的规矩。不仅通臂门，八极拳、六合拳、劈挂拳等各门各派都有严格的入门标准，以选好弟子、规范约束习武者的行为，弘扬民族精神。如六合拳传人遵守"十不传"门规：德行不端者不传，不孝父母者不传，心险者不传，好斗者不传，轻露者不传，无志者不传，喜财者不传，狂妄者不传，私心重者不传，无恒心者不传。再如功力门，入门把武德看得最重，其基本功讲究德正而行直，德歪而行斜，德正意纯方可练其功。习练戳脚拳者，必先宣誓遵守武德，如尊老扶幼，尊师爱徒，爱国爱众，扶弱拒强，一身正气，绝不欺人。通臂拳传人郭长生列出了门人力戒恃强凌弱、取财不义、心术不正等"十戒"和扶危济困、济世安民等十个"愿教"，在严格门规下，出现了曹宴海、郭景春等一批精忠报国、为捍卫民族大义而战的武术大师。

武德，体现在选徒、授武、待人处事等各个方面。正因为各门派严格重视武德、选人、育人，沧州武林才人才辈出，涌现出一批德高艺绝的志士。

二、行侠仗义写传奇

一位沧州作家这样说：跟一个真正的沧州人交往，是尽可以身家性命相托的。因为沧州人把心挂在了自己的胸膛外边。沧州人走遍天下，行侠仗义是他们的群体性格特点。这一点，在沧州武者身上体现得尤为充分。

沧州武术各器械门派从产生的那天起，就在诠释着侠义的内涵，很多"第一代传人"或"一世"者，都有着浓厚的传奇色彩。

因为沧州荒僻艰苦的特殊地理环境，一些有着特殊身份又身怀绝技的官府要犯、武林高人或云游高僧，往往将这里作为藏身驻足之地。当身处险境，他们会装扮成乞丐、苦行僧或流浪者，而在他们或穷苦无依、贫病交加，或被仇家追杀、生命面临危险的时候，常会得到沧州人无私的收留或救助。沧州人扶危济困、舍己为人，不图回报、不怕牵连，朴实正直、行侠仗义，深深感动了这些人，他们选择了"授武术以报厚德"的方式，来激励这种侠肝义胆的行为和品质，也将自己的绝技托付给沧州这片贫瘠的大地。因此，沧州的武术与武德是一脉相承的。

历代沧州武术大师多侠义壮举，让沧州武林在我国民间和中华武坛戴上了具有人格魅力的桂冠，也丰富着中国的"武侠传奇"。沧州人慷慨报国崇尚节义的炽烈武风，得到了武林人士的尊敬。

三、惩贼报国塑武魂

侠之小者，为友为邻；侠之大者，为国为民。

忠于国家民族、抵御外侮是沧州武德的重要内容，也是习武前和习武中必上的思想政治课。自古以来，沧州学武之人自习武起，就树立远大的志向，将学成报国作为目标。沧州历史上很多武术大师，都有着爱国侠义的崇高武德。

嘉靖年间的刘焘，提前结束守孝，以 13 次大战彻底击败倭寇；清代献县走出的武状元田唆，两次率兵赴新疆平定战乱，粉碎了沙俄的军事渗透和分裂祖国图谋，明清两朝沧州武进士、武举人近 2000 名，他们为保国安民立下了赫赫战功。

推动中华武术发展，沧州拳师也做出过积极贡献。1928 年，沧州籍国民军陆军上将张之江任中央国术馆馆长时，大力提倡强身御侮，强身救国，入馆任教和深造的沧州人近百人。

这些武术名家以一己之身，全民族大义，他们不但是抵御外侮的中坚力量，更是华夏的民族英雄。

四、涤雪外侮扬国威

沧州出过许多武术大师。他们之所以被称为大师，不仅在于他们武功高强，更由于在与外国列强的较量中，他们勇于挺身而出，打擂比武，屡战屡胜，灭了洋人的气焰，为国人赢得了荣誉。

沧州武术有着光荣的反帝传统。过去，西方人辱我中华民族为"东亚病夫"，沧州武术界前辈常常义愤填膺，挺身而出，打败他们，为中华民族增光。他们的民族气节和英雄业绩，至今为人们所传颂。

号称沧州"神力千斤王"的王子平，在济南、北京、青岛多次击败日本、俄国武士。1903 年，他在上海击败摆擂的美国、英国、法国拳王，著名国画大师齐白石欣然书写"南山搏猛虎，深潭驱长蛟"的贺联赠送。康熙年间八极门武林高手丁发祥，勇揭黄榜，登上神州第一擂台，一举打败来华立"国擂"的两名号称"打遍全球无敌手"的技击家、大力士，维护了中华民族在世界上的荣誉和地位。"迷踪拳"大师霍元甲多次击败俄国、日本技击高手，打击了侮辱中国为"东亚病夫"的外国侵略者的嚣张气焰，弘我国术，扬我国威。

第四节　沧州武术节

第十届中国沧州国际武术节于 2018 年 9 月 19 日至 22 日在沧州隆重举办。来自九州华夏的武术代表队和来自五洲四海的武术健儿，相聚在生态宜居的美丽沧州，切磋武艺，共享盛会。

在本届武术节国际传统武术精英赛上，来自 50 个国家和地区的 256 支代表队、2200 名运动员经过激烈角逐，共决出个人奖项一等奖 440 项，二等奖 660 项，三等奖 1100 项。闭幕式上还公布了集体项目器械一等奖、集体项目拳术一等奖、武德风尚奖、特别贡献奖及突出贡献奖。

第二届中国（沧州）国际武术文化博览会同日落下帷幕，其间吸引了来自全国 31 个省（自治区、直辖市、）的近百家各类展演机构，以及俄罗斯、瑞士、泰国、韩国等国家和地区的近 30 个武术团体来沧交流学习，博览会设置的各类活动板块和展区还吸引了近 7 万人次观众的积极参与。

第二章　沧州武术溯源

第一节　沧州武术的起源

一、武术的起源

（一）人类狩猎活动是武术的源头

人类社会最初始的时代，史书为我们记载的是"猛兽食颛民，鸷鸟攫老弱""日与禽兽居，族与万物并"的情形。我们的祖先生活在一个极其险恶、严酷的生存环境中。为了果腹，为了存活，他们要经常与野兽面对，或主动进攻，或防御自卫。那时候，人类因生存所需，采取群居生活，一旦有大的狩猎活动，大家会一起手持武器，对猎物进行包围驱逐，或投掷石块，挥舞木棒，或呐喊飞腿，拉扯挥拳，一起将猎物征服。在这个过程中，他们的动作无疑蕴含着接近武术的动作，并且他们已经学会了借用外力，使用工具器械。

如果说狩猎是早期人类的一种劳动，那么这种特殊的劳动就是武术萌生的源头。

（二）原始舞蹈是早期武术的雏形

"手之舞之，足之蹈之。"舞蹈，作为人类内心感受外在的符号，属于最早的艺术。远古时代，人类尚不能很好地实现语言的交流，因此会更多地采用肢体语言来表情达意。当一场集体的狩猎结束，围着收获的猎物，先祖如何表达自己的喜悦之情？他们会敲击着石块，击打着木棒，然后和着这简单的节奏，在林间空地或河边草场进行一场狂欢，庆祝胜利。他们的歌舞动作依然离不开生活中狩猎的启发。禽兽的形状，斗兽的动作，都是他们模仿的对象。这些模仿，是象形拳的源头，充满形的变化，力的宣泄，武的雏形。武术讲究闪展腾挪，动作敏捷刚劲，武术套路中含有不少模仿动物的形意绝技。

古文字学家认为，"舞"与"武"通。原始舞蹈孕育着武术，并使它得到了提升。

二、沧州为何尚武风盛

（一）多种因素促进武乡形成

清乾隆《沧州志》称："沧……俗劲武，尚力气，轻生死，自古以气节著闻。承平之世，家给人足；趾高气扬，泱泱乎有表海之雄风。一旦有事，披肝胆，出死力……"沧州辖境古代属于燕南齐北，沧州人民自古以淳朴、刚毅、勤劳、勇敢、豪迈、直爽著称。由于地理、历史条件独特，讲武求备，尚武图存，武技广播，蔚成风气。

据史料记载，沧州民间武术，源于春秋，兴于明，盛于清，至乾隆时，武术之乡已经形成，经历代薪火相传，到清末民初，渐至鼎盛，有"小梁山"之称，武乡威名远扬海外。沧州武乡的形成和发展，与其特殊地理位置和多民族聚居、科考推动等复杂历史因素及侠义豪放、率真刚毅的地域品格有着错综复杂的关系。就历史原因而言，一是沧州系多民族聚居区，曾发生过隔膜与误解，但逐步达到融洽与和谐。隔膜与误解，在竞争与比拼中，促进武术发展；融洽与和谐，从交流与互动中推进武术发展。二是科举制度拉动沧州武术发展。自唐兴科举制，延续多代，至明中期，建武乡试、武会试之制。明清武科，对沧州武术发展是一个极大的推动，此时沧州就出过武进士、武举人1937名。清朝乾隆皇帝曾留下"文有太极安天下，武有八极定乾坤"的赞语。

（二）地理条件是特殊成因

沧州之所以武风兴盛，有地理上的特殊原因。

一是因为上古时代沧州地滨渤海，荒凉贫瘠，生存条件极为恶劣。先民们同自然界的斗争更为惨烈。出于生存自卫、抵御外侮、反抗压迫的需要，百姓尚义任侠，武风益盛。二是春秋战国时期，这里属齐、燕、赵等国的交界之处，自然也就战火频仍，民众非尚武不可图存，参加的战事也较多。之后，渤海沿岸武风渐盛，以至于家家挂刀剑，人人舞棒枪。秦汉时期，沧州的武风炽烈，酿成许多令朝廷头疼的事件。"渤海事件"即为一例。沧州久为畿辅重地，为历代兵家必争之所，各朝各代均有多次战争发生在沧州。战事频发，生灵涂炭，故须掌握攻防格斗之技以自救求存。三是沧州地处"九河下梢"，旱涝灾害严重，许多壮丁以贩盐为生，而官府缉拿甚严，百姓必习武事以增强反抗能力。四是沧州东部古为芦荡荒滩，人烟稀少，既是犯军发配之地，也是叛将蔽身之所。明清时，一些朝廷缉拿的重犯，到此地隐姓埋名，授武维生，如八极门之"癫""癖"，功力门之"邱"，太祖门之"顺元和尚"，通臂门之"韩姓道人"，闯王刀法之"秦氏夫妇"等，都遁世传武，为沧州武术发展做出了贡献。五是京杭大运河纵穿沧境，沧州、泊头、鄚州、河间、献县均为水路交通要冲，是南北商品流通必经之地或商品集散中心，也是官府商贾走镖要道，因此，沧州镖行、旅店、装运等业兴盛。为提高竞争实力，只有掌握高强武艺。至清末，"镖不喊沧"已成业内常规。

三、远恶郡州成为武术"高地"

两宋时期，辽、金、元等国都曾在沧州一带进行"拉锯战"，使沧州成为战争前线。战祸频入，百姓生灵涂炭，但也使得南北不同风格的武术、汉族与少数民族不同特点的武术、用于实战又经实战检验收效很好的独门绝技等，可以在沧州充分展示、交流，形成武艺比拼、融合的形势，形成推动强化武术风气的巨大力量，使沧州武术水平大提高，成为武术事业大发展的"高地"。

冷兵器时代，战争与武术联系极为紧密。战前有演武、习武，周密细致的准备；战时，无论何种战斗，都有着"武"的意义，比试着艺的高下、技的强弱以及力量与胆量；战后，那些负了伤的、与队伍失散的，或因各种原因脱队的兵将，连同自身所掌握的武术，都留在了沧州。

沧州地处九河下梢，水、旱、蝗、风、暴等天灾频发。大灾荒引发大混乱，大混乱引发盗贼并起，所以，到北宋时，沧州一带就以"远恶郡州"闻名了。因为特殊的地理环境，一些身怀绝技的武术人才，来到沧州隐身或求生，对沧州武术的发展起了一定作用。这些人多有性命之忧，他们的仇家常常会追杀至此，以"根除后患"，这就促使这里的人们认真习武，健体防身，以防不测。

宋元时期，因为这种特殊的地域性、特殊的时机条件，沧州武术得到广泛交流，多方吸纳，实现升华进步，成为武术的一方宝地，也涌现出大批武术俊杰。

四、一部《水浒传》让沧州被误读千年

豹子头林冲刺配沧州道、草料场、风雪山神庙……，施耐庵笔下的沧州，在一代一代的传播中，是一片蛮荒的不毛之地。沧州因《水浒传》而扬名，却是给了世人一个远恶郡州、发配之地的印象。

其实，这只是小说家之言，并非史实，实则是施耐庵误读了沧州，天下误读了沧州。

林冲生活在北宋末年，北宋定都在开封，就是现今的河南开封，河北、河南二省相隔不远，就当时的主流趋势来看，发配的话一般都是边疆敝野、穷僻荒凉

之地。据考证，北宋流放罪臣以海南为多，不会把林冲发配到天子脚下。

历经 2000 多年的古沧州城墙遗址仍在，几年前出土的古钱币重达数十吨，足以证明这早就是北方繁华的大都市。特别是著名的沧州铁狮子，铸造于后周广顺三年（953 年），铸造技术堪称世界之最，比《水浒传》描写的宋徽宗宣和年间早一个半世纪。一个穷僻荒凉的"远恶郡州"，怎么能够诞生如此先进技术水平的杰作呢？显然，沧州早已是北方的繁华重镇了。就是说，林冲发配时，宋代这里临近宋辽、宋金边界，早已是个繁荣的边贸集市。

第二节　沧州武术的传承与发展

一、汉朝沧州先民已有尚武之风

（一）两汉多豪侠

汉在沧州设河间国、渤海郡，汉景帝第三子刘德被封河间（献）王；武帝巡渤海过河间得"钩弋夫人"（今沧州肃宁县人）；钩弋夫人生刘弗陵；后汉也有帝子封河间，如刘政等；沧州也出过天子，如灵帝。沧州与皇家可谓关系密切。

两汉社会分封诸侯、功臣、贵戚，而诸侯、功臣、贵戚竞相养士，走马斗剑，崇尚武力，加之汉高祖刘邦本人就喜武轻文，致使社会侠风日盛。当时的文人都"读书击剑，业成而武节立"。一些身怀绝技的武术家，身价更是一路飙升。

新出现的武士集团，崇尚武侠，以"侠"为荣，逐步趋于豪侠化，改变了原来的性质，成为一种政治势力。他们有的长期滞留于某地郡国，划分势力范围，雄踞一方，甚至都城长安也被分割为各自的势力范围。而一些行业的豪侠，则成为这一行业的左右者，如箭霸、酒霸等。武士、武侠的豪侠化，在中国历史上首次形成了与国家和地方政权既互相抗衡又相互补充、形式独特的武装力量。皇室看到了这一势力已构成对政权的威胁，则开始推行平豪举措，武帝时就曾下达"三令"，拆小封国，提高税收，削弱势力，以侠治侠。

（二）"渤海事件"表明先民尚武任侠

汉宣帝时，渤海地区灾荒严重，人民饥不得食，无以为生，于是持刀举剑起义。为了平息人民的起义烽火，朝廷派龚遂到渤海地区去任太守。龚遂到任以后，一方面下令各县停止大规模的捕杀，对放下武器的人概不追究，而对持戈拿刀行劫者，严加惩处。另一方面，他又下令各县，对手握锄镰从事生产的农民，不得有丝毫干扰，并要求诱导有刀剑的民众，"卖剑买牛，卖刀买犊"，从事生产自救。农民在官吏的诱导下，卖掉刀剑，买回耕牛、农具，从事耕种。人民生活从此逐渐有所好转。

龚遂治渤海业绩骄人，让汉朝解除了东部之患，也让沧州的先民摆脱了在饥寒交迫中死去或于官兵屠刀下背负"盗贼"恶名的命运。龚遂推出区分良民与盗贼的标准，并号召人们卖剑、卖刀，从另一个角度可以看出，古代的沧州，人民尚武，喜持刀带剑，重义轻生，早已蔚成民风，并震撼朝野，名扬九州。

二、魏晋时"城外开花"

魏晋南北朝时，战事频繁，并且残酷，北方平原地区人口锐减，大量迁徙。这一时期的沧州武术，随之呈现"外向型"发展。此外，由于战争的需要，实战性也成为武术发展的一个突出特点。

战场上，两军对垒，将士阵前出列，与对手一对一拼杀，每一刀、每一枪、每个回合，都是对武术功底的一次实战检验。因此，人们一定要从实战的角度去习练武术，要全面提高自身素质，如骑术、枪术、刀术、箭术、擒拿摔打等本领，以及躲闪速度和技巧、体力和耐力等，以应付可能出现的各种不利情况和危险局面。

沧州人尚武任侠，流民四处闯荡，但不管漂泊到哪里，都习武不辍，一群群武士护家保族，一批批武术家上阵作战，一个个因军功为将为帅，有的名扬当代，有的千古流芳，使沧州武术呈现"域外开花"的态势。

三、"武考"成武术发展"推手"

自唐代设武科取士以来，历代朝廷通过此途径选拔了很多优秀武术人才，促进了武术在社会上的发展。到了清朝，清廷为了聚集笼络军事人才，以备日益严重的"内乱外患"，更加重视武科考试，"武考"成为军事教育训练的重要制度。

习武为什么？尽管答案多种多样，无疑中举、中进士、中状元是人生一大幸事。于是天下武者，热血男儿，为了这种向往与追求，一代一代冲向科举场，冲向武学最高殿堂。这样一来，武术由民间而为"国考"，极大地带动了民间习武的热情，客观上起到了促进武术大繁荣的作用。

四、城镇繁荣布起"套子武术"

中国在进入两宋时期后，社会相对稳定，人口、垦田剧增，经济高速发展。据史书记载，北宋时最多时人口曾超一亿，达到前所未有的高峰。人口向城镇集中，市场、商业、贸易和其他诸多文化等社会事业迅速勃起，开后世商业和庙会的先河。这也为武术艺术化——武术表演——"套子武术"的出现与发展提供了充足而必要的条件。因此，两宋时期的武术，呈现出"多姿多彩"的气象。

首先，军队中出现了"套子武术"。

史书这样记载军中武术表演时的情形：要选数百名武功出众的军人，教给他们剑舞，可以做许多惊险动作，如掷剑于空中，跃身而起左右承接。会见契丹派来进贡的使者时，在偏殿赐宴，要献上武术表演，数百人的舞剑队伍和着鼓声乐曲，挥刃而入，掷剑腾跃，其惊险让契丹使者不敢正视。到巡城时，也必令持剑武士在前面开路，各显绝技武艺，让来人看得胆战心惊。

南宋时，这类武术表演盛而不衰。对于民间武术和后世武术的发展很有促进作用。

再者，在繁华的京城出现了大量以武术表演为生的团体和个人。武术成为大众文化娱乐的一项重要内容和乐于参加的体育项目。在表演中，为了适应竞争，不断精心策划，对套子武术加以发展和改进，这就促进了武术的发展。

到此时，中国武术已确定了它的基本内容，即搏击类武术和表演类武术，其后者已趋艺术化、大众化和社会化。武术体育化进程也大大加快了。

五、民族大融合器械多样化

两宋时期，辽、金、元都曾在沧州作战，战祸对于人民来说是灾难，但也使各种不同风格、不同民族、不同特点的武术在沧州得以展示，那些负了伤没办法走掉的，与队伍失散未能离开的，或因故脱离队伍的，连同自身所掌握的武术，都留在了交战地沧州。宋初，瀛洲（今沧州河间）、鄚州（今沧州任丘）、沧州皆为宋辽作战的前沿。

当时的常规武器是弓箭。用得多的还有以枪为主的"长兵"，长杆大刀次之。宋代非常重视枪技，相传枪术有 17 家比较有名，最有名的是杨家的 36 路花枪。

宋代的杂兵器较多，有铁链夹棒、大斧等 12 类，多用于实战，因此发展较快。几个民族相互厮杀了几百年，失传的武术器械应不在少数，但也带来一些罕见武器，如蒙古兵所用的"转圈"，宋太祖所用的三节棍等。武术器械的多民族性和多样化，是武术器械迅猛发展的重要标志。

六、武风炽烈显沧州本色

沧州武风兴盛，龚遂太守的劝农措施，没能制止住这一带武风的延续，残唐五代的战乱，明朝靖难之役，都有沧州民众持械参战。唐时的"沧州案""沧州军"与"沧州保卫战"就是其中很有名的实例。

（一）"沧州案"

此案指的是唐德宗贞元年间，发生在沧州刺史衙门中士兵杀死刺史逼押牙程华就任刺史案。

当初，义武节度使，易、定、沧三州观察使张孝忠，在邻近诸州朱滔、王武俊发起变乱之时，坚守易、定，同心保境，抗拒叛军。沧州刺史李固烈，因为沧州军情紧张，要求回恒州。张孝忠派押牙程华赴沧监督审计李固烈交接州事。这位离任办理交接的李刺史实在太贪婪了。他把军府的绫缣珍货都弄到车上，要全部带走。见此情况，很多沧州籍兵士闹嚷开来，愤怒之下，杀死了李固烈及其家人。程华见局面无法控制，也要奔逃，被乱兵捉住。但乱兵并没有伤害程华，而是强请他执掌沧州事务，并言明这是沧州全体将士的意见。程华不得已答应下来。张孝忠闻讯，即令程华任沧州刺史。程华为人忠厚，宽诚对待将士，颇受沧州人拥戴。"沧州案"最终不了了之。

朱滔、王武俊叛唐称王时，多次派人召程华相随。程华不为所动，孤守沧州。由是，程华深得朝廷嘉许，皇上遂任命他为沧州刺史，充横海军使，赐名为"日华"。唐贞元四年，程日华去世，其子程怀直被任命为沧州刺史，授节度、观察使。

因此，沧州人说到"沧州案"，会很幽默地说：

沧州观察使不叫张孝忠，也叫张孝忠，"孝忠"为德宗诏赐；刺史程日华不叫程日华，"日华"这个名儿是皇帝给的；刺史不是皇帝封的，是沧州士兵"任命"的，万岁爷给"追认"的；贪官刺史大老爷不是国法惩办的，是咱沧州的"小武官儿们"给"办"的。

（二）"沧州军"

"沧州军"即"沧州的军队"。

黄巢攻下并占据长安，唐各方军队围攻黄巢。那么，"沧州军"作为前去"勤王"的唯一一支来自河北的部队，异常英勇地参加了收复长安的重大战役。

此后，"杨复光向天子报捷"。

由此可知，以沧州人为主体的"沧州军"在国难当头之际，他们的骨头，是硬的；血，是热的；心，是忠诚的；胆气，也是非常豪壮的。

（三）"沧州保卫战"

唐朝末年，梁军进攻沧州，由此引发"沧州保卫战"。

天祐三年（906 年）八月，朱全忠自率兵攻打沧州。朱全忠，即后梁太祖朱晃。朱以梁王自称，除沧州外，他基本上统一了黄河南北广大地区。因为沧州（沧州人刘守文据守）与幽州（刘守文之父刘仁恭据守）相首尾，成为其北方的心腹大患，他想先取沧州，再夺幽州。

战役第一阶段，刘仁恭、刘守文父子的军队在沧州屡为梁军所败。于是，下令境内 70 岁以下、15 岁以上的男丁都自备兵器干粮到行营。此令一下，数日内竟"得兵十万"！沧州人的英雄气概和尚武风气，由此可见一斑。

战役第二阶段，刘仁恭畏惧梁军不敢战。刘守文坚守沧州，城中粮尽。大难将至，沧州城中无一将一卒一民言降或逃命！

第三阶段，应请救急的河东李克用重演了"围魏救赵"故事：李克用迅速攻陷朱全忠的潞州，梁军不得不迅速撤离，沧州之围得以解除。

"沧州保卫战"，历时三个月胜利结束。彰显了沧州的浓郁武风和高尚武德。

第三节　沧州武术的发展

一、沧州英雄撑起大明江山

（一）绝技报国英雄悲歌

元末明初，北虏南倭，内忧外患。大小起义，整个明代连绵不断。特别是中晚期，形势更加严峻。而支撑着明帝国大厦的"柱石"，却屈指可数，他们虽武功超拔，但大多具有悲情色彩。其间，有很多是沧州人。如一门两代四杰八朝建奇功的河间王张玉，智勇功武天下第一，与张辅等三个儿子一家四人均以武勇报国，载入史册，为人景仰。如同为大明部院最高长官的沧州双雄王翱、马昂，一个军功卓著，领吏部天官，一个是军事最高首脑，同列朝堂，议决军国大计，也属奇特现象。王翱因大事可堪信赖，多谋善断，被皇帝尊称"先生"，史称他"四惟"——惟公、惟廉、惟勤、惟慎。为大明左都御史兼兵部左侍郎的刘焘，武艺超群，与其部下戚继光等平虏抗倭建惊世之功，堪称民族英雄。还有张瓒、程信、陈钺、郭乾、廖纪、戴才、范景文皆为著名军事将领，皆为豪迈慷慨壮武的一代风流人物。

明后期，沧州习武者，多有登科、以身许国者。仅沧县、青县、献县、肃宁、东光、交河、河间、任丘八县市，就有武进士872人、武举人147人，数量为全国前茅。这也是沧州武术迅猛崛起蓬勃发展的一种体现。

（二）杨虎起义震撼明廷

明朝的统治呈现封建社会的衰落气象。皇族贵戚官僚疯狂进行土地兼并和经济掠夺，宦官、党争、厂卫日益膨胀，财政趋于崩溃，边防弛废，民不聊生。

"官逼民反"，明正德六年，沧州交河人杨虎高举反朝廷大旗，发于京畿，直逼北京，继而南下，纵横数省，搅动了整个大明的统治根基。

杨虎和手下刘儒、马文衡、许浦等都是军人武士。九月，杨虎率 2000 余人攻沧州，文安人刘六（刘宠）、刘七（刘宸）与之联合，奉杨虎为渠帅。次年，农民军扩大到数万人，分为两支活动。刘六、刘七、齐彦名等为一支，主要在山东、河北一带活动；杨虎、刘惠、赵镶等为一支，主要在河南一带活动。杨虎一支是在渡小黄河（黄河故道）时，受到明军袭击，杨虎不幸翻船溺死，众推刘惠为首，赵鐩为副。刘六一支曾 3 次威胁京师，有五六万人，正德七年，明政府大举镇压农民军，刘惠与赵镂相继死去，河南农民军失败。刘六等势力孤单走湖北，在黄州（湖北黄冈）兵败，投水而死。刘七与齐彦名夺舟入江，顺流东下，直至南通州。后齐彦名战死，刘七也中箭溺死。刘六、杨虎所领导的农民起义，至此失败。

杨虎事件说明，沧州有浓郁的尚武之风，其主要人物杨虎等都是出类拔萃的武术家。杨虎能成为义军领袖，足以证明沧州武林、武风的影响绝非一般。起义借助了沧州武林的力量，而沧州武林和沧州尚武风气，也由此在全国进一步扩大了影响。

（三）沧州名将浴血抗倭

一身武艺，一腔热血，在国家遭遇敌寇侵扰时，挺身而出，竭忠尽智，是沧州武者自觉的担当，也是他们实现自身价值的首选方式。

明时海防松懈，倭寇屡屡在我国沿海骚扰、杀掠。沧州较早的抗倭名将是董宽。董宽臂力过人，箭法高超，一生南征北战，为皇帝所器重。他总督扬州诸路，整饬松弛已久的沿海战备，使沿海一带数十年无事。嘉靖年间，南皮人汤宾任浙江按察副使、兵备吴中，倭寇来袭，汤宾严阵以待，换来东南平安。汤宾两次任职吴中，守边抗倭有功，被提为湖广布政使、副都御使。

彻底消灭倭寇的，是沧州人刘焘。当年福建一带倭寇猖狂肆虐，刘焘被任命为杭州、嘉兴、湖州三处兵备副使南下抗倭。刘焘到任后，得知徽州人汪直、徐海等人为汉奸，便率兵围剿。刘焘冲锋在前，连续射死贼寇，并亲手射死倭寇头子叶明。敌军大败。退敌后不久，刘焘率 300 家丁（均为沧州武林人士）和沧州籍兵士共千人在黄浦江一带剿倭。刘焘转战 8 天，三败 3 万倭寇和汉奸，鼓舞了士气。消灭了倭寇的这部分主力，刘焘又消灭了倭寇徐海部。

1557 年，刘焘破格提升被免职的戚继光为中路主将，分三路围剿汪直。作战中，家丁陈节持刀砍开血路，戚继光指挥火器，一举击毙汪直，大获全胜。刘焘被提升为浙江按察使，戚继光官复原职。1560 年刘焘担任福建巡抚，取得闽中大捷，杀死、俘虏倭寇 6220 人，改变了福建局势。

1569 年，刘焘已经是快 60 岁的人了，仍被任命兵部右侍郎兼右都御史总督两广军务，剿灭两广汉奸和倭寇。这一战，刘焘教授家丁和沧州兵战法，并利用火器，消灭了横行数十年的倭寇。

从 1556 年到 1570 年，刘焘东南抗倭 14 年，身经百战，杀敌数万，为中华民族解除了边患。而他自己也从 40 多岁的壮年步入白发苍苍的老年。同时，亦有近 200 位沧州武林精英把鲜血洒在了抗倭战场上。

二、苦苦求索中走向辉煌

清朝，作为中国封建社会的最后阶段，自康乾之下，内则闭关锁国，贪腐成风，外则列强虎视眈眈，中华儿女蒙受奇耻大辱，无以为计，便以宗教结社为组织，运用武术为斗争形式，向官府、官僚机器发起拼死一搏；用大刀长矛等原始武器，向手持近代化武器的洋鬼子们，义无反顾地冲杀；为寻找中华民族复兴崛起的出路，他们中的智者、勇者，苦苦求索。

在这种抗争中，武术却呈现前所未有的发展态势。

（一）"建门立派"传功授武

改朝换代之初，一些身怀武功而政治上失意的人，开始了另一种生活：传授武功。于是产生了一大批武术门派。在沧州，除六合拳等个别门派在明末建立，多数都是建立在雍正之后。在清代，有 30 多个武术门派诞生。

一些偶然的机会，一些过路的侠客、病僧，在沧州受到照顾，以武报答，使太祖门、弹腿门等多种拳法套路传入沧州。沧州多民族杂居，各少数民族多有习武者、善武者。比如有些门派，如六合门、弹腿门，就是以回族为主体的。

门派的传承表现为一门之中，分支传承。如燕青门，也称燕青拳、颜青拳、迷踪拳、秘宗拳等。而一种武功，又有多门习练，如戳脚。沧州习武者，多有家族辈辈传承，生怕祖上的好东西丢在自己手上，往往传于最亲的人，有的一母同胞兄弟共学，有的同族多有习练者。有些门派对于本门武学不断发改进，因而使沧州武术日臻完善。

（二）"四多"扬沧州武术盛名

清末民初，宫廷及王府的护卫、京津等地的镖师、军阀部队里的武术教练，很多都是沧州人。就连末代皇帝溥仪去满洲当伪皇帝时所带的贴身护卫霍殿阁，也是一位沧州武师。

武术于清代，沧州其名最盛。沧州名教头多、名捕头多、名镖头多、名匪头多——"四多"，举世公认。

名教头：即著名的武术教官，包括一些传习武功的武术家。他们是沧州武术薪火相传的基本载体，也是沧州武术不断提高的领军人物和有功之臣。

名捕头：即有维护一方平安的能力的人。不管专业还是"业余"，他们用自己的武功为本地的治安出力。

名镖头：说中华武术，不能不说沧州，说沧州武术，不能不说沧州镖客。镖事，是沧州武林在清代最受人关注的亮点。在京城和东北等地，沧州人开镖局，当镖师，行走江湖，威风八面，名震武林，留下许多勇武、侠义的传奇。

名匪头：包括那些窦尔墩式的人物，也涵盖那些统领众人对抗异族的人们。如沧南闹义和拳的十余位"大当家"和"二当家"，对抗的是国家机器，不能以"匪"而论。有的武者用鲜血和生命铸就"中华武魂"，却被清廷定为匪首，缉拿杀戮。另外所指是，沧州东部沟渠河坡，洼大村稀，常有劫匪大盗出没，一些出名的"匪头"让官府和商贾头疼。

除此之外，还有一说，即"名大夫"，是指那些本身是习武者，义精通骨创经络技艺，并以此造福乡里的有名望的人。名武师，一般都是身有绝技，挫败强手，一举成名，且名实相符，获得圈内认可的。

（三）武状元数量全国夺冠

清代武殿试共 109 科，应有武状元、榜眼、探花各 109 人，由于缺额、失考等原因，今天能明确姓名籍属的只有武状元是满额 109 人。武榜眼只有 102 人知道姓名，武探花更少，只有 100 人，三者共计 311 人。其中河北（不含京津，也不含已划归鲁、豫二省的开州、清丰、东明三县）分别有 29 人、24 人、18 人，均排在全国首位。而在河北，沧州地区又以 8 个状元、4 个榜眼、5 个探花的总成绩名列第一！

沧州不仅是清代河北武状元最多的地区，也是全国武状元最多的设区市。另外，献县以 4 名状元成为清代武状元最多的县。

还有，康熙四十八年，来自沧州地区的武举——献县田峻、肃宁金官禄，包揽了殿试前两名，这是整个清代空前绝后的事情。而田峻和雍正元年的李琰，还分别是清代第二、第三个连中两元的武举。目前已知清代武状元中至少有 9 名是回族，沧州占了 3 名，即哈攀龙、哈廷梁和白成龙。

关于沧州武状元的研究，1991 年出版的《沧州武术志》，标出是状元的，只有南皮徐德麟、献县哈廷梁、肃宁哈攀龙 3 人。1993 年出版的《中国状元全传》和 2002 年出版的《中国历代武状元》两书中，于清代，明确为沧州籍的武状元有 5 人，分别是康熙四十八年献县田峻、乾隆二年肃宁哈攀龙、乾隆十七年献县哈廷梁、嘉庆十年献县张元联和道光十八年任丘郝光甲。

2006 年出版的《名沧州》中，指出清代沧州有武状元 7 人，在《中国历代武状元》的基础上加上了乾隆三十一年的河间白成龙以及道光二十一年的南皮徐德麟。

三、中华武术与沧州情缘

抗日战争时期，中国武术迅猛发展。武术组织大量产生，并发挥积极作用，产生深远影响。"一中一南一北一抗"是形象的表述。一中，即中央国术馆；一南，即上海精武会；一北，即天津中华武士会；一抗，即上海国术界抗日救国会。四大最具代表性、最具影响力的"国术"组织，都与沧州和沧州人有着这样那样的关系。也更加证明了沧州尚武风气的浓郁、沧州武术名家作为的非凡，沧州武林为全国武术事业所做的贡献，具有多么突出的重要性、历史性和关键性。

（一）组会建馆，武术大发展

辛亥革命后，新思维、新体育、新学堂、新教法随着中国大门的开启涌入，对于武术向体育的靠拢和新的定位产生了积极影响。

随着战争中枪炮成为主兵器，武术的临阵杀敌功能大大降低，面对洋人将国人蔑称为"东亚病夫"的侮辱，强身健体的呼声日益高涨，一些有识之士开始考虑通过促进武术来改变这种情况。办武校、武馆，成立"沙龙制"的武术组织，以发展武术事业，促进武术传承，可以说已经具备了武术产业化的雏形。另外，一些实力派军人为增加自己的实力，搜罗武林人士为己所用，如曹银创办

"武术营"，在沧州招收了大量武师和习武青年，也在客观上促进了武术发展。一些社会名流对于各类武术组织的建立，都持支持态度，还有的积极参与武术馆社的创办，并亲自出任馆长或董事长，带动了民间武术组织如雨后春笋，遍地开花。沧州籍名师霍元甲创办"精武馆"时，孙中山先生就曾赠以"尚武精神"的匾牌，四字中暗含"武"与"精"二字。这对全国、全民尚武、习武起到了极大的推动作用。

据资料显示，其间全国各地的 50 余个武术组织，都是由沧州人首创或担当主要职务。如在天津成立的"中华武术会"由沧州人马凤图创建；而佟忠义则是"上海市国术馆"的董事、少林门的技术总负责人，又是骨伤医生；"青岛国术馆"，沧州武林传奇人物王子平是最早的教员之一；"山东省国术馆"教务主任李玉琳和八极拳教员李尊堂、形意名家马礼堂，都是沧州人……而据《沧州武术志·大事记》记载，民国二十五年（1936 年），南皮、吴桥、交河、河间、肃宁、任丘六县国术馆或民众教育馆相继建立。

（二）创办"中央国术馆"，武术成国术

武术是国粹，是国宝，具有救国救人救世之功用，这一观念在民国初为人们所认同，一些武术组织开始以"国术馆""国术研究会"等命名。

1928 年，沧州人张之江在南京成立中央国术馆，并任馆长，冯玉祥任理事长。张之江成立国术馆的目的，在于发扬中华固有文化，增进全民健康，化除派系，整理教材，训练师资，统一教学，研究改进，务求普及，以达"图强御侮、强种救国"的使命。这一办馆宗旨，合乎民意，顺应时代。举办两届"国考"，是清末取消"武科"之后破天荒的大事。全国武林高手、投考学员纷纷前来。家乡的武林人士更是投奔者众多。一时他的身边聚集了张树声、马凤图、马英图、王子平等一大批武术精英。有近百名沧州习武者考入中央国术馆，其中不少人边学习边助教，有的在短时间内脱颖而出。在当时，中央国术馆被人称作"沧州会馆"。因此说,沧州武者在我国武术发展的关键时刻,具有不凡的表现,做出了独特的贡献。

与此同时,在这一时期,沧州武术名家建言立论,对创新丰富国术理论也有巨大贡献。最著名的是沧州"八大家",即"一帅"(张之江)、"四老"(米连科、佟忠义、黄柏年、王子平)、"三家"(姜容樵、郭锡山、李元智)。

"侠魂"姜容樵一生倡武。

姜容樵,字光武,生于 1891 年,出身武术世家,曾祖父姜廷举为秘宗拳大师。1909 年投师张占魁专习形意、八卦拳术。从师 20 余载,深得内家拳术之奥,青年时代就武艺精湛,闻名远近,成为张占魁门下佼佼者之一。他行思敏捷,记忆力惊人,且终日研习,不知倦怠,每学一招式,必穷其法理。

1920 年,在津浦铁路局任职员期间,始授武技。后执教江苏省第十中学。1928 年在上海与李芳辰、徐静仁等个人捐资创办尚武进德会。在传播武技的同时,还致力于编撰出版尚武丛书,出版了《当代武人奇侠传》(12 册)。30 年代又发起组织"健康试验社""击技试验社",与徐致一、贾蕴高、曹德模、马步周等一起筹建,共同探讨挖掘、整理、继承和发扬国术。主张"国术强身,以技击敌",深研拳论。1932 年,受聘为南京中央国术馆编审处处长工作 12 年,主编《国术丛刊》。此间受张之江馆长、李景林副馆长委托,代表"中央国术馆"巡视地方国术馆,主持武赛,组织裁判人选,力倡国术,且全力以赴从事考察、研究整理中原一带的武术。曾先后到河南温县陈家沟、嵩山少林寺、湖北武当山和山西蒲州等地,走访有据可考的遗老、长者,查阅族谱、家谱、墓碑,翻阅大量乡土志、县志以及历代藏书,寻根究底。抗日期间,姜容樵辞离国术馆,前赴皖南大学担任文学、历史讲师 3 年。先生素日爱国志坚,为鼓舞民众,抵御外患,曾勇于投稿至《求是》等爱国刊物。1946 年辞职后,专门从事武术和文艺写作。抗美援朝时,先生送子赴朝参战,并收徒传授武技。先后审定教材数十种，并教授拳械。

晚年定居上海虹口区多伦路，原张之江寓所，致力于整理遗文、编述新作。后双目失明，犹口述手划指导后学。1949 年中华人民共和国成立后，仍从事著述和授拳。

新中国成立后，姜容樵的高超拳艺如枯木逢春，1953 年被聘为第一次全国民族形式体育表演大会武术副总裁判长。曾多次在全国武术大会上表演形意、八卦、秘宗、陈氏太极长拳、太师鞭、青萍剑、八卦奇门枪等拳术和器械。

姜容樵一生精武通文，著作颇丰，先后编纂出版《写真秘宗拳》《写真形意母拳》《形意杂式捶八式拳合刊》《太极拳术讲义》《写真太师虎尾鞭》《写真太师水磨鞭》《写真鞭枪大战》《写真青萍剑》《昆吾剑》《少林棍法》《八卦夺门枪》《八卦掌》等书 28 部，为武术文化遗产的发掘、继承和发展做出了贡献。其中 1963 年出版的《八卦掌》一书，再版发行已达百万册，对八卦掌的总结整理与广泛传播，影响很大。1974 年去世，享年 83 岁。

姜容樵先生一生不为名、不为利，热心倡武，为挖掘整理继承发扬祖国的民族文化瑰宝而鞠躬尽瘁，他实践了自己的身前诺言："我要生于青春，殁于青春，生于少年，殁于少年，青春无尽即自我无尽。在提倡武术、发掘整理武术事业上，我要不遗余力，只要一息尚存，努力不已。"

四、抗击外侮筑高峰

当侠义上升到一种民族气质，当尚武演化为一种民族精神，那么，这个民族才是强健昂扬的。一身好武功的沧州侠士，除却为朋友、为知己慷慨赴死的"小义"外，更多的时候，是为国家荣誉、民族志气的"大义"而战。曾经，事关国家和民族的荣誉之争在小小的民间"擂台"上展开。

辛亥革命后，时有各国所谓的"拳王""高手""大力士""摔跤家"，借表演之名来我国招摇撞骗，他们或单独来，或不同国籍联合来。公然向中国武林挑战，狂妄之态令人愤怒。武林志士不甘屈辱，挺身斗强，为民族尊严而战。挑战洋擂主的沧州女英雄杨剑霞，气吞山河的沧州籍武状元曹宴海，制服两个俄罗斯大力士的孟村八极拳师丁发祥，吓跑英国大力士、打败日本武士的霍元甲等的英雄壮举，尽显沧州武林的侠气、豪气、胆气、英气、勇气和霸气。

（一）王子平打散"万国竞武场"

以"神力千斤王"著称的全能武术家王子平，1916 年曾在济南屡败日、美、德等国的大力士，1919 年又在济南摔伤日本柔道家宫本，英雄事迹声闻遐迩、誉满中外。

1921 年，上海出现了一个由美国人沙利文主持的"万国竞武场"，设下擂台。他结伙乔治、丁柯尔和德国人彼得，在报纸上自吹自擂，说凡能击中他们一拳者赏 500 元，将他们打倒的，赏 1000 元。如此狂妄在上海武术界引起公愤。大家公推王子平前去打擂。双方订立公约，并商定比武者赛前各讲几句话，以示和气。王子平正在台上讲话时，冷不防窜出一个臕肥体壮的西洋大汉，暴手冷拳向王子平偷袭过来。王子平眼疾手快，一闪身躲了过去。但第二拳又猛袭过来，王子平再也遏止不住心头的怒火，飞起一脚将西洋大汉踢翻在地。王子平双目圆睁、剑眉倒竖，喝道："这一脚给中华民族扬威！"随即又上去补了一拳说："这一拳教训你们这种混账洋人，教你记住，不许再欺侮中国人。"

当晚，万国竞武场派人送来一张纸条，声明比赛取消，合约作废。王子平让来人带回口信："你们不赛，我偏要赛，明天上擂台，见一个打一个。"吓得沙利文等隐踪匿迹好一阵子，"万国竞武场"也就此散了摊子。

著名书画家齐白石先生亲笔挥毫，写下"南山搏猛虎，深潭驱长蛟"的对联赠与王子平，赞扬他高尚的民族气节和高超的武功。

（二）沧州武士联手打跑俄国大力士

1918 年，号称"世界第一大力士"和"环球大力士"的俄国武士康泰尔在京设擂，名为"万国比武大会"，声称"谁要胜了康，赏一块金牌"，同时提出要立字据，"比武打死勿论"。这则广告在《顺天时报》一登，立即在京津的武术界引起轩然大波，各位武术名家好汉义愤填膺，摩拳擦掌，不约而同，汇集京城，准备与康氏一搏。

先是正在军中任教的王子平闻知，决心要教训康氏一下。9 月 15 日，康泰尔首日登擂，王子平一跃登上擂台，只一回合，康泰尔即被击倒在地。年过半百的河间武术大师张占魁，此时也先期率"中华武士会"由天津赶赴北京，同时到达北京的有李存义、程海亭、王亦韩、韩慕侠等人。张占魁知道康泰尔住在六国饭店，偷偷找到他，说，天津来了一位高手，你若胜不了我，就胜不了他。两人比武，康泰尔败给了张占魁。

这次较量，是张占魁的一次"火力侦察"，心里有了底，他制定了打败康泰尔的计划，商定由张占魁的爱徒韩慕侠上场，若失败再由张占魁亲自上阵。比武正式进行，比赛刚一开始，韩慕侠即以"勾连脚"猛扫康泰尔的小腿部，就在康泰尔的腿部受到重击、身体摇晃的一刹那，韩慕侠即用"无魔小丑同罢休，铜墙铁壁一齐摧"的"垂手法"两臂连环，右拳以劈石开碑之功力，闪电般地击向康氏胸怀，康泰尔躲避不及，被击倒在一丈开外。

《图说中国武术史》中，也有此记载，只是"康泰尔"换成了"包库河"。说韩慕侠打的是俄国大力士"包库河"：包库河拿出一块金牌给了韩慕侠就想离去，谁知韩不答应，还要求连续再打 10 次，于是把 11 块金牌都拿走了，包库河本来还想进行原定的比武，设下擂台，但是比武的那天，他一看到韩，就惊慌逃去。

擂主逃走了，比武改成了演武。天津"中华武士会"的王庆丰（河间人），首先上台表演形意八卦拳械，演出完毕，掌声雷动。

康泰尔也好，包库河也好，反正是被沧州的武杰狠狠教训了一下，再也不敢张狂，灰溜溜地滚回老家了。

（三）杨家侠女征服麦加罗

沧州女侠有名的不太多，武林界"华北三山"之一的河间名拳师杨福山之女杨剑霞，因其征服白俄大力士，而成为名留青史的巾帼英雄。

1934年，又一个白俄大力士麦加罗夫在北京"中央饭店"设擂比武。年仅20岁的杨剑霞随父赴京。当众多武林豪土商量如何杀麦氏的嚣张气焰时，剑霞站起身来——作揖，郑重陈词：杀鸡焉用牛刀！晚辈不才，学艺不精，但有众多前辈作后盾，为保我中华武术名义，小女愿前往迎战！一席话，说得大家鼓起掌来。

翌日，《觉今日报》以显著位置，特号铅字刊出《女英雄函请一战》的消息，并附杨剑霞的致函：麦先生大鉴：昨日报载，先生自负天下无敌，谅无真实本领，绝不敢如此之夸。霞虽一弱女子，愿与先生一较身手，藉资历练。如肯赐教，请求地点、日期，甚为盼望。

麦加罗夫看罢战书，哈哈大笑，一个弱女子找上门来，岂非羊羔往虎嘴里送？

为了长国人志气，杨剑霞还在"北京武术馆"馆长许禹生处亲自作了一次表演，用形意拳中的燕形，连续钻过12条长凳，面不红，气不喘，轻灵敏捷之至；另外还与武林高手"谢快手"交手，她以中、食指蘸墨，用"二龙吐须"着法，每交手必点中谢的眉宇间，可见若取双目必会百发百中。这次精彩的表演，被麦氏的助手偷看到了，回去向麦氏汇报，听到"二龙取珠"的厉害时，麦氏倒抽一口冷气，再三追问，深感惊惧，只得去找许禹生，改口说他们是来卖艺的，不是来比武的。许不同意，要求麦氏与杨家父女达成协议，登报服输，并赔偿 500 元大洋，方算了事。

五、《大刀进行曲》与沧州武林

"大刀向鬼子们的头上砍去，二十九军的弟兄们，抗战的一天来到了，抗战的一天来到了！前面有东北的义勇军，后面有全国的老百姓，咱们二十九军不是孤军。看准那敌人，把它消灭！把它消灭！冲啊！大刀向鬼子们的头上砍去，杀！"

这首充满豪情的《大刀进行曲》广为流传，它的副题为——献给二十九军的大刀队。

二十九军原是冯玉祥领导的西北军的一部分，军长宋哲元、副军长佟麟阁等与沧州人冯玉祥、张之江有着各种各样的关系，而副军长刘汝明、副参谋长张克侠、三十八师副师长王锡町等都是沧州人。因此，二十九军将士中，习武者多，武艺强者多，沧州人多。故有"西北军军官皆会武术"的传说。

西北军用的大刀，都是长柄、宽刃、刀尖倾斜的传统中国刀，十分利于劈杀。冯玉祥还聘请了一批武术高手，设计了一套适合对付敌人刺刀的刀术，让部队勤加练习。结果，当初为了应急用的大刀，反而成了西北军的重要武器之一。二十九军武术总教官李尧臣，结合二十九军将士所使用的大刀本身特点，结合中国传统的六合刀法，创编了一套二十九军独有的"无极刀"刀法。军中抽调骨干，专门组成大刀队，由其直接传授刀法，再由他们传给全军官兵。这种想法得到了佟麟阁的极大肯定，最终实施。

六、沧州武术发展的重要贡献者

沧州武术发展的巅峰，是一代代武林人士用精绝超拔的武艺、豪气干云的壮举、侠义慷慨的武魂叠加而成的。解放后，沧州籍的武术家，不管是"本土军团"，还是"近沧军团""远沧军团"，在武术的发展、提高、传播方面，积极参政议政、建言立论，做高参，苦打拼，一起为沧州武术提档升级、健康发展探路求索。

第三章　沧州武术门派及风俗

　　古之沧州，由于历史、地理等多种原因，历来民众有强悍习武之俗，一些要犯叛将多选择来此蔽身，隐姓埋名，传艺维生。这些人为人正义，武艺高强，为发展沧州武术立下不小功劳。各地武师也频频来沧州拜师会友，更使这里成为武林豪杰摩肩荟萃之地，让各类武术门派器械得以传播。

第一节　56 个门派拳械大繁荣

　　源起或流传于沧州的武林门类或独立拳械，除失传者外，计有 53 种，占全国 129 个武术拳种的 40.3%。其分布状况在市区及东南部县市，主要有六合、八极、迷宗、功力、太祖、通臂、劈挂、唐拳、螳螂、昆仑、飞虎、太平、八盘掌、地躺、青萍剑、昆吾剑、闯王刀、疯魔棍、苗刀等；在西北部县市主要有形意、戳脚、翻子、少林、埋伏、花拳、勉张、短拳、阴手枪、杨家枪等。而太极拳、八卦掌则遍布全市。上自技击，下至内家与养生、导引、按摩、气功、硬气功，不一而足。在沧州武术界，有能代表沧州武术风格特点的八大拳种是：功力、查滑、劈挂、燕青、六和、通臂、八极、太祖。而疯魔棍、苗刀、戳脚等拳械为沧州所独有。

第二节　沧州武术民俗

一、宗师

宗师传承武术进入沧州，多传奇故事，被历代传人口口相传，也有的是以文字的形式记述于拳谱中。

在这些故事中，有的是叙述宗师因云游留居沧州的，如"劈挂拳"宗师韩姓道人云游至沧州盐山，与村民左宝梅相投，授拳于他；有的是因为避难藏匿于沧州的，如"闯王刀"宗师秦氏夫妇，因随明末闯王李自成起义失败后流落于沧州，被人留居，授艺于此；也有的是在沧州遇到困境，如"太祖拳"宗师顺元和尚患病于沧州街头，被宋公收留，病愈后，为报宋公之恩，授艺于宋公之子宋平……这些宗师身份或僧或道或侠，其入沧理由也不尽相同，但他们在沧州都得到了基本相同的礼遇——沧州民众尽解其困，其结果则是他们尽授武技于沧州，成为一个门派的宗师。

二、收徒

师徒相授，是民间武术传承、传播最主要的形式。由于传统武术的封闭性和功利性，为确保本门武术的良性发展，收徒成为师徒相传过程的重要环节。收徒要有收徒标准，只有拜师者契合了师门的收徒标准，才会有其后确认师徒关系的收徒仪式。

收徒标准既有以门规形式表述者，如沧州六合门规强调"不忠不孝者不传，无恒志者不传，不知珍重者不传，文武不就者不传，借此求财者不传，俗乏人骨者不传，市井之人不传，心术不正者不传"；也有为师者个性化的要求，如武术家佟忠义曾定"有恒心、秉公守法、尚谋略、勿骄矜、守信义"的收徒标准。

在拜师者契合了师父的收徒标准后，要行拜师仪式。在拜师仪式中，要有"引进师"，"引进师"把拜师者引见给师父，并主持拜师仪式等。

三、把式房

把式房是民间武术的传习场所。在沧州，民众称武术为"把式"（又作"八式"），称武术传习场所为"把式房"，又称"把式场"。

传统把式房本无名姓，或以师父姓氏名之，或以拳种名之，再或以村庄之名命名。地点多选择在师父居住地，人们从师习武，或设于庭院，或设在麦场，再或是村内其他宽阔之所，如庙宇旁之空旷地等。把式房的内部设置靠墙边多设有兵器架，上置各种长短器械，还多备练力石锁、石吨等器具。因为多在夜间习武，所以还专门备有燃油灯具，一般用洋铁片焊四柜，前后左右都镶上玻璃，内置一盏豆油灯或煤油灯，以便夜间照明之用。现在的武术习练场馆，条件大大改善，已非过去的把式房所能比。

四、武术谚语

南拳北腿，东枪西棍。

枪为百兵之王，又为百兵之贼。

棍为百兵之首，剑为百兵之君，大刀为百兵之帅。

月棍、年刀、一辈子枪、宝剑随身藏。

枪扎一条线，棍打一大片，枪怕摇头棍怕点。

枪如游龙，棍似旋风，刀似猛虎，剑如飞凤。

单刀看手，双刀看走，大刀看顶手。

鞭舞一堵墙，拳打一片星。

内练精气神，外练手眼身。

内练一口气，外练筋骨皮。

遍访师和友，所求是真传。

拳讲三术，技、医、艺术。

打拳不遛腿，必是冒失鬼。

练武不活腰，终究艺不高。

抬腿轻，落地松，踢起腿来一阵风。

练拳无桩步，房屋无立柱。

未学功夫，先学跌打。

拳打千遍，身法自现。

读书要讲，种地要耪，练拳要想。

不怕千招会，就怕一招精。

行家一落眼，便知深和浅。行家一出手，便知有没有。

心乱则意乱，意乱则拳乱。

打拳要长，发劲要短。

死力不足贵，活劲最为高。

根于脚，发于腿，主宰于腰。

一巧破千斤，四两拨千斤。

前手齐眉三尖对，鼻尖手尖与足尖。

动如涛，静如岳，起如猿，落如鹊，立如鸡，站如松，转如轮，折如弓，轻如叶，重如铁，缓如鹰，快如风有拳无腿难取胜，有腿无拳难占先。

弹腿四只手，神鬼见了都发愁。

一见屁股掉，便是戳脚到。

拳到眼到，眼到拳到，拳眼齐到，招招有效。

柔中有刚攻不破，刚中有柔力无边。

出其不意攻不备，先发制人不容还，动手犹如鹰捉兔。上步六合手，打不赢就走。上手五花炮，打不着就跑。

第四章　沧州武术门类

中华武术，门类众多，支系浩繁，分布在祖国各地。而同门传人，对其本门之渊源、传系、风格、特点其说不一，继承套路多少不一，招式动作亦不尽相同。本章，均依沧州所论、所传而载之。

沧州武林门类，有的根系清楚，有的何以称"门"，无从考查。列入本章称门类者，系历称门类者及包括数趟拳术和器械套路者。凡独立之拳术或器械套路，均列入《拳、械》章。

第一节　六　合

六合拳法之基本理论，讲阴、阳、起、落、动、静协调配合；心、意、气、力、胆、智协调配合；手、足、肘、膝、肩、胯协调配合。发于脚、撑于腿，冲于胯、拧于腰，送于肩，开于手称为六合劲，故其拳法取名六合。

六合拳法传于沧境约在明万历末年。时有一称张明之侠士，路经泊头镇西清真寺八里庄，忽然得病。村民曹振朋将其接至家中，为之请医送药，精心照料，使其逐渐痊愈。张见曹每晨必刻苦练功，甚喜。为报其搭救之情，特授六合拳法数载，曹振朋获六合拳法真谛。张对曹说，六合拳法之绝招，非为人忠厚且功底深厚者不得传之。因此，代代获绝招真传者甚少。又因师非年迈不选授绝招之徒，故前四代年隔较久。曹振朋传其子曹寿，曹寿传予泊头镇石金可、石长春、张茂龙等。石金可等在泊头镇开始开门授徒。此后分四支传播，求艺者甚众，一些志士名扬于外。

泊头镇四世传人石金可授徒甚多；得意者有十八弟子。其中楚文泰年龄最长，以大枪为著。另有石金省、石金合、石清振、沧州田奎春等。沧州李冠铭亦受业于泊头镇。其师一说曹寿，一说楚文泰。石金省，授徒石金良、石井通、石井泉、沧州吴凤鸣。石金良授徒贾立河、石光起、曹玉芳，东光县连镇安庆合。石光起授艺予石光巨、石同鼎、石同更、王宝强等人。石光起1950年被聘为泊头镇武术教练，无偿授徒千余人。安庆合亦在东光县连镇授徒多人。

六合门拳术自泊头镇传入沧城可分三支。

李冠铭艺成返沧，传其侄李凤岗，授徒王殿臣、刘玉庭等。李凤岗在沧县（今沧州市）大南门外随叔父李冠铭经营成兴镖局，精双刀，人称"双刀李凤岗"。王殿臣、刘玉亭多年押镖从无差错。李凤岗传其子李庆临，授徒王正谊、王国恩。李庆临继承成兴镖局（后改为成兴斗店），设庆临国术社，授徒胡云田、姚宝云等。胡传侄胡景华等。王正谊绰号大刀王五，清末在北京半壁街创办源顺镖局，为京城八大镖局之一。他助谭嗣同戊戌变法，又常扶贫济危，名震京城。王国恩擅拳术，民国十八年（1929），于南京中央国术馆国考中获优胜。王殿臣之徒李树亭，拳术枪法著称于沧。李之子李志云，20岁即助其父设场传艺。李志云传其子李俊德，授徒张少甫、张英杰、李金荣等。

田奎春相传为石金可十八弟子之一，在沧州传予佟存，佟存传子佟忠义。佟忠义善摔跤，精拳术，通骨伤科。早年在沧州授徒有赵永福、关吉祥等。后在上海办忠义国术社，授徒甚众。赵永福传张树和、李树荣等。

吴凤鸣在沧授徒王少孚，王传其子王斌荣及徒刘述仁、刘述来、张德润等。

六合拳法已传九世。

另，清末有关东人传六合拳法于献县淮镇，已历五世。李树和年逾八旬，授徒众多。

六合拳法套路多,内容广。其招式舒展轻敏,手法连贯,稳中有动,动中有静,步法清晰,刚柔并蓄,动静分明,飘洒实用。男女老幼皆宜练,健身防身效果明显。

六合拳法之基本功,有桩、腰、腿、掌、气五功。其功夫套路有十三太保,五禽、仙天京、拾手生立等,内外软硬功具备,基础坚实。六合拳法之主要手型有拳、掌、勾、明、暗、阴、阳、出、回。主要步型有弓、马、虚、扑、歇、开、散、进、退、摆、里、顺、凑、提、落、换、纵、抽。主要拳法有劈、砸、搅、冲。主要腿法有弹、踢、蹬、踹、勾、挂、旋。

六合拳法之套路,拳套有:前后六合拳、前后行门八式、前后回龙拳、前后迎门炮、前后梅花拳、五花炮、八折拳、关东拳、关西拳、十八趟截打拳、旋风掌拳,还有由大洪拳、小洪拳、太祖拳、关西拳、弹腿、六合拳之精华组成之六家式拳和手法变换多、技击含意深的形拳。械套有:六合大枪、六合花枪、十二连环枪、梅花枪、一百单八枪、春秋大刀、五路大刀、六合单刀、八步连环刀、凤目连环力、如意连环刀、十二连环刀、金臂连环刀、六合剑、八仙剑、行者棒、六合双刀、六合双剑、六合双枪、六合钩、三节棍进枪、三节棍对双枪、大刀进枪、对劈刀、双刀进枪、单刀进枪、单刀对双枪、大刀对老虎鞭、手销对棍、三节棍对打、三节棍手销对打、双手带进枪、双手带对双枪、棍术对练及镋、链、槊、锤、抓、戟、斧、钺、鞭、铜、爪、环等。

六合拳诀云;六合八母须认真,上下相随人难进;任他聚力来打我,牵动四两拨千斤;引进落空合即出,粘连粘随不丢顶。

六合拳械均讲八母。拳术之八母为:踢、打、摔、击、擒、拿、卸、点。械术又各有八母,六合大枪之八母为:劈、挂、缠、拿、剁、捋、进、封;六合花枪之八母为:粘、拦、敲、打、劈、砸、缠、拿;春秋大刀之八母为:删、砍、劈、剁、勾、搂、挫、抹;六合单刀之八母为:删、砍、劈、剁、拨、挑、扎、撩；六合剑之八母为：点、拦、截、挑、刺、扎、擢、撩；行者棒之八母为：提、云、崩、挂、倒、退、截、打；双刀之八母为：删、砍、劈、剁、崩、推、滑、抹；双剑之八母为：点、拦、截、挑、分、提、腾、扎；双枪之八母为：挑、撩、扑、盖、盘、换、联、扎；钩之八母为：摘、勾、献、钥、崩、锁、刁、拿；三节棍之八母为：提、环、抢、打、翻、身、扑、砸；老虎鞭之八母为：挫、捋、提、砸、换、势、圈、打；双手带之八母为：删、砍、劈、剁、崩、挂、挫、抹；锐之八母为：撑、架、片、拿、斫、捋、横、扎；链之八母为：斫、打、扇、搂、崩、锁、顺、扎；槊之八母为：轧、闯、冲、打、托、架、盘、砸；锤之八母为：崩、落、盘、换、揉、打、抢、挎；抓之八母为：提、坠、捋、杀、飞、抓、锁、拿；戟之八母为：摔、滑、拗、挑、补、支、剁、扎；斧之八母为：片、删、劈、砍、斫、砸、捋、扎；钺之八母为：提、拦、挑、架、推、转、联、砸；叉之八母为：勾、搂、扑、盖、卡、架、飞、叉；鞭之八母为：拖、挂、扫、砸、截、盖、抽、灯；铜之八母为：倒、提、截、拦、拥、架、崩、砸；爪之八母为：截、架、撞、打、提、推、拨、顶。

六合拳诀讲八法：说、练、门、破、擒、拿、观、用。

六合拳传人遵门规"十不传"：德行不端者不传；不孝父母者不传，心险者不传；好斗者不传；轻露者不传；无志者不传；喜财者不传，狂妄者不传，私心重者不传；无恒心者不传。

第二节　太　祖

太祖拳法，相传，宋太祖赵匡胤靠此技打下宋朝天下，其拳法传于后世，立太祖门，称太祖拳。明戚继光《纪效新书》载："古今拳家，宋太祖有三十二式长拳"。

太祖拳法，于清康熙中期传入沧州。据拳谱载，一云游僧患病于沧州街头，被宋公收留，请医调治。僧愈后，为报宋公之恩，收其次子宋平为徒，授太祖拳法六年。宋平艺成，僧辞行，留名顺元和尚，后人尊其为太祖门沧州第一世祖。宋平传子宋义德，义德昼习文，夜练武，十分刻苦，硬、软、轻、气四功于身。一日，几位亲朋聚于客厅饮茶聊天，一燕子打食喂雏，一块燕粪掉入茶杯，义德纵身一跃，抄住燕子。从此；他之武艺和"燕子宋三"之绰号扬于街巷，向其求艺者也越来越多。乾隆四十七年（1782），河南开封习洪拳者邢殿帮来沧访宋，二人较艺，邢拜宋为师，并定居沧州。邢为人忠厚，天赋聪颖，勤奋刻苦，技艺娴熟，妙悟搏法，开门收徒传艺。其弟子王永贵，在沧州衙内任班头代守备，以大刀著称，在沧授徒众多。其徒郭魁元、王占海于光绪末年在保定设擂，未遇敌手。后去山西洪洞、大同、雁门教武，名震雁门关。白玉龙、董占芳曾在营口当镖头，任国栋任东北混成旅旅长，王桂林、邱三于清末任宫廷武术教习。清末民初，太祖拳法流传更快。张国祥、郭兆魁、孙福元在津授徒多人；王桂林任沧县民众教育馆武术教师；李德海、邱占魁在沧城及运河沿岸授徒很多，有"沿河两岸太祖拳"之说。第八代传人盛玉龙，1988 年已 83 岁，在锦州全国传统武术比赛中获金牌。张宝山、李少甫、田德林、刘焕明、白万春、赵明江等，皆名扬乡里。李德海之徒马希岭曾任沧州市武协主席。太祖拳法至今已传九代。

太祖拳法之风格独特，造诣纯正，套路严谨，动作舒展，招式鲜明，步法灵活，不拘陈迹，刚柔相济，虚实并兼，行拳过步，长打短靠，爆发力强。

太祖拳法讲究实战。攻防格斗，起如风，击如电，前手领，后手追，两手互换一气摧。其劲力发挥于撑、拦、斩、卡、撩、崩、横、塞。拳谚云："囚身似猫，抖身如虎，行似游龙，动如闪电"。其主要手法为：挑、砍、拦、切、封、闭、缠、拿；身法为：缩、跃、侧、翻、转、伏、仰、蹲、滚、展；腿法为：蹬、踢、扫、踹、弹、撩、钩、撞、绊、缠。交手时，讲求一胆、二力、三功、四气、五巧、六变、七奸、八狠。进身前，要"审势观察细留神，逢弱直冲入中门，遇强避锋绕步锤"。手步相连，上下相随，遇隙即攻，见空则扑。所用招式，非攻即防，虚中寓实，实里含虚，一式多变，借敌之力以制其身。

习练太祖拳法，必首练扎实之基本功。其基本功主要是"三型""五功"。"三型"为头、手、步，"五功"为臂、腿、腰、桩、气。各型各功，既有独立之要领和理论，又互为作用，互相制约。悟其奥妙，益于拳中。

流传于沧州太祖拳法之套路，拳术有一路太祖拳，二路太祖拳，十八趟罗汉拳、遛腿架、遛脚式、八打二十四式、太祖长拳、行步拳和十二趟弹腿；长器械有太祖棍（亦称盘龙棍）、三节棍、少林棍、十二连枪、梅花枪、月牙钱、四门大刀、方便铲、燕翅镜、双手带；短器械有梅花刀、梅花双钩、万胜刀、应战刀、青龙剑、二郎剑、双钺；对练套路有对打太祖棍、三节棍进枪、单刀进枪、大刀进枪、子母锤对打等。

第三节　八　极

八极拳，全称开门八极拳。"八极"之意，拳谱云，"八"为阴阳，"极"为巧妙变化趋于极远。《淮南子．墬形训》载："天地之间，九州八极。"又"九州之外乃有八纮、八纮之外乃有八殥，八殥之外乃有八极。"八极拳法之命名，即取其意。"开门"之意有四：一谓"开门立户"，使八极拳法以独特风姿立于中华武林。二谓冲破武林界固守疆域之神秘观，开门授艺，开门汲取众家之长；三谓八极拳法之基础拳理为"六大开""八大招"，具顶、抱、单、提、胯、缠六种发力原理，其劲力似开门无阻；四谓广开思路，开门入窍，悟其性，晓其理，明其用。

八极拳法始于沧县孟村镇（今孟村回族自治县）。据拳谱载，清雍正五年

（1727），一自称"癫"之云游武林高手至孟村，见 15 岁之吴钟练拳刻苦，加以指教。吴见来者身手不凡，遂留居家中，随其习艺三年"癫"辞别。二年后，又一自称"癫"之徒"癖"者，奉师命访师弟吴钟，再授吴以拳术与大枪术，并赠吴拳械秘诀一卷而去。"癫"与"癖"之真实姓名，何方人士，均无从考查。雍正十三年（1735），吴访莆田少林寺。寺之山门内设木人木猴等诸多暗器，进寺者多被其伤，吴三进三出，无一暗器着身，遂名扬江南。此事传入清宫，被尚武之恂勤郡王爱新觉罗·允禵知晓，下书召吴钟进京。二人较技，各持殳，殳端涂白粉，以粉迹定胜负。吴之殳挑王眉间，粉痕清晰，王未察觉，故"吴神枪"声誉京城，有"南京到北京，大枪数吴钟"之谚。

吴钟之侄吴溁，字辉庭，太学生，文武兼备，征得吴钟同意，将原无名称之拳法命名为"开门八极拳"，并著拳谱，尊"癫"为一世，"癖"与吴钟为二世。吴钟无子，中年得一女，名荣，为习武，近 30 岁嫁于海丰（今无棣）习长拳者戴氏。她遵"开门"之精神，将长拳之太宗拳、太祖拳、飞虎拳、桃花散等拳术依八极拳法之风格，提炼修改，传回孟村。此后，求习八极拳者日增。乾隆四十年（1775）左右，吴溁及族弟吴钟毓开门授艺，求艺者数十人。除本镇吴、丁各氏外，亦有罗疃等地者。民国二十五年（1936），吴深之嫡孙吴会清，由其徒侄强瑞清协助，续撰拳谱，石印 10 册。1985 年，吴会清之孙吴连枝再续拳谱。1985 年 1 月 22 日，在孟村镇成立开门八极拳研究会，马贤达为名誉会长，吴连枝为会长。

八极拳法已传 11 世，各世传人之佼佼者有吴荣、吴深、吴钟毓，李大中、吴凯、张克明、吴会清、黄四海、张景星、李贵章、曹井田，李树文、强瑞清、马凤图、马英图、吴秀峰、韩会清、李万成、高贵林、吴兆海、丁玉林，霍殿阁、李萼堂、李树森、范青云、马贤达、马明达、吴连枝、冯玉玺、王景祥、田金钟、尹宗琦、尹树春、霍庆云、崔洪起、黄玉柱等。

今之八极拳法，遍及中华，传至海内外。马凤图、马英图栖身甘肃，传八极拳法于西北五省区；吴秀峰在津授徒数百人；王景祥、田金钟、等人在津，广传八极拳术；马贤达、马明达授艺国内外，其著述在国内外均有较大影响。沧州尹宗琦、尹树春受业于吴秀峰；青县孙福太受业于冯林潮；肖官屯黄玉柱受业于狼儿口张福顺，均传艺于沧州、青县一带，从习者涉及十数省、市自治区。孟村李燕侠，为沧州市重点业余体校武术教练。吴连枝曾一次接待香港地区、两次接待美国、十一次接待日本来访和习艺者，并四次应邀赴日本大阪等地授艺、讲学。1982 年，香港《技击》杂志刊载介绍尹宗琦的文章。同年，日本松田隆智率代表团来沧考察。

八极拳法之风格和特点明显。其拳法发劲刚猛，爆烈骤变。跃进中以势险而夺人，进击中以节短而取胜。其招数，以挨、崩、挤、靠、戳、撼、顶、抱、裹、挂、突、击为主。动如绷弓，发若炸雷，三盘连击，八节并用，势动神随，疾如闪电。其动作，取十大象形：龙、虎、熊、鸡、猿、鹏、鹤、鸵、蛇、鹿。发招进手，以气催力，声助拳威。其基本功之劲力为十大劲别：抖、缩、愣、含、惊、崩、撑、挺、竖、横。拳诀曰：拳似流星眼似电，腰如蛇形脚如钻；闾尾中正神贯顶刚网柔圆活，上下连；体松内固神内敛，满身轻俐顶头悬；阴阳虚实急变化，命意源泉在腰间。

八极拳法有独特呼吸及练功之术。行哼哈二气乃其特长。调气、行气、发威用力之爆发力源于意力相通，由放松到发力行丹田之真力。搂桩、跑板、悬囊乃其基础功。练功要求定式稳，变式快，刚柔相寓，劲力集中。

八极拳法讲十六大步。除马、弓、扑、虚、盘五种基本步法外，尚有闯步、拖拉步、盘提步、跟提步等。腿法有搓提、弹腿、侧蹬、三挣提、蹁踹等。其手型，除掌、拳、勾外，吴秀峰为便于农村青少年习练者记忆，以浅入深出原则，以常用工具为名称，创编手型，即以槌、瓦、斧、杆、刺、叉、铸、镰，体现云、罗、提、按、刁、扣、缠、粘八大手型之运用。

八极拳法之传人，借纯阳九宫剑之剑规为门规。门规为八要：一要心术正，二要胆气重，三要耳目灵，四要手足捷，五要身法便，六要力量充，七要精神旺，八要儒雅性。

八极拳法之拳械套路主要有：八极小架、八极拳（含对接）、六大开、八大招、四郎宽拳、六肘头、太宗拳、太祖拳、华拳、飞虎拳、春秋刀、提柳刀、六合大枪、六合花枪，行者棒、八棍头、纯阳九宫剑等。拳械套路，可单练，亦可对练。

民国二十二年（1933）《沧县志》载：张殿奎，沧县新县镇（今属孟村回族自治县）人，自设武馆，授徒百余。新县镇北距孟村镇 9 千米，东距罗疃村 2 千米，人称此地为"八极窝"。张之八极拳法定由孟村镇所传，但他从未说其师之姓名。其徒孙李福岐于 1989 年 2 月自办精英武术社，习艺者百余人，授张殿奎所传拳法。

第四节　弹　腿

弹腿，注重腿法。其腿技，以大腿带小腿，集力于足，突发迅击，快速伸屈，弹如弹丸，故名弹腿。

传说弹腿为宋太祖赵匡胤所创，但无根据。一说源于山东龙潭寺，称潭腿。一说由河南谭家沟子谭某所创，称谭腿。在沧州武林界，均称弹腿。多门以弹腿为基本功。至于弹腿之渊源，无从考查。但有"南京到北京，弹腿出在教门中"之说。沧州习练弹腿者多系回族。回族所练弹腿，出式为"汤瓶"（回族于清真寺沐浴所用之器）式，民族风格明显，许多动作又异于其他门类之弹腿，故沧州自成门户之弹腿，系指回族所传之弹腿。

弹腿，在沧境首传于沧县回族村庄大褚村。相传，某阿訇观肥瘦两雄鸡相斗，肥鸡啄瘦鸡遍体鳞伤，而瘦鸡斗志不减。肥鸡逼瘦鸡于垒下，奋力搏击，欲置瘦鸡一死。此刻，瘦鸡速仰卧，两爪力弹肥鸡，肥鸡胸毛脱落，鲜血淋漓·败叫而遁。阿訇观后，灵感大发，悟其妙，创十路弹腿，此即沧州弹腿之始。据新修《平泉县体育志》载，清乾隆十六年（1751），沧县大褚村回族拳师回万良，去平泉谋生而定居于此。一日，一奉天（今沈阳）拳师人称戴七套（传说戴可抵七匹骡子之拉力）归家途中病倒于三十家子村，回闻讯将戴接至家中，请医调治，愈后授艺三载。回自幼习武，为练力，青年时，日抱牛犊绕房转，犊长其力增，犊长大，他攀牛角与牛角力，必将牛摔倒。其力与技名扬平泉。时某亲王闻讯欲角技，回暗忖，与此等人比武，伤之不敬，故提议仅以"拔萝卜"之法角力，亲王败，特举回于军中任职。回所居之地，久成村落，现名为二道河子八沟小回庄。《平泉县体育志》载，该县之弹腿门武艺为沧州大楚（褚）村回万良所传。回之后人有称回小辫者，返原籍授艺。大褚村之八式一爷曾去平泉学艺十五载，艺成后回原籍授八式六爷等。八式六爷在沧州一带广收门徒，将此门技艺推广开来。其徒回庆云授子回树和、回树山及本村张某等。几人同授徒回振洪、回登田、回达俊、张浩岐、张喜武、回孟海等。沧城李冠铭亦曾到大褚村求弹腿之妙。现大褚村之弹腿已传播至京、津及承德等地。

弹腿之风格，动作精悍，配合协调；招数多变，攻防迅疾；节奏鲜明，爆发力强。

弹腿之技击，多上下盘同步出击之术，可令对手防不胜防。下盘发招讲究腿踢三寸不过膝，招式小速度快，攻时无被克之虞。上盘进击以劈砸招数最多，力度大，拳势猛。

弹腿之套路，以十趟弹腿为基本拳路，以十八趟砸拳为此拳术之精华。十八趟砸拳又分首六趟、中六趟、末六趟，各代表技艺之不同。另有花里弹、砸拳、短拳、短拳对打。弹腿可单练，也可对练。

器械有拔步刀、连环刀、万胜刀、春秋刀、阴手枪、六合枪、八宝枪、扑钩、燕翅镜、檀木撅等。对练有单刀进枪、双刀进枪、三节棍进枪、三节棍进梢子棍、大刀进枪、单刀对练、白手夺刀等。

第五节 唐 拳

唐拳，据传，系唐高祖李渊之三子李玄霸所创。李身雄力猛，武艺高强，随其父兄灭隋，立下汗马功劳，故将其习用拳法定名唐拳。

清乾隆以前唐拳之传系，实据无考。乾隆二十五年（1760）左右，直隶（今河北）大名府武士李天祥，因被官府抄家而流落南皮县城北桃园村，被富户侯府收留，充作护院。李在桃园村留居较久，以唐拳授徒众多。刘芳（字福安，南皮翟官屯人）、韩云飞（南皮祁家洼人）、孙胜（字全城，山东临清人）；为李之三位高徒。后分为三支，除在本地传艺外，并在河北、山东、上海、吉林、湖北授徒多人。光绪年间，唐拳勃兴，南皮及泊头、交河等地，训练场地五十多处，习练者千余人。当时，出现了"百里无敌手"的田克明，善于"白手夺枪"的郝丁辅，人称"姜氏大刀"的姜贵等。民国初年，唐拳更盛，本地习练者近两千人。高大楞、耿金昌、王玉枝等侠肝义胆，民族气节高尚，成为唐拳的杰出人物。

唐拳至今已在沧州流传十代，当今习练者一百六十多个村镇，三千多人，主要在南皮县乡村。

唐拳演练，姿态舒展，快速雄健，朴实无华，刚柔相济，招法多变。

唐拳讲求实战击法，招数既具防身自卫之技艺，又为强身健体之良术。但因其击法激猛劲速，习练规则十分严格。要求德术并重，练时心静寡欲，食饱酒后不练，任意造作不练。遵其规成其器，不遵规有害己。

唐拳之刀、枪、剑、棍、拳，以拳为本。其基本功包括腿功、腰功、臂功、桩功、平衡、跳跃、旋转、跌扑、滚翻、冲推、弹踢。

唐拳之基本拳法为四击、八法、十二型。四击为踢、打、摔、拿。八法为手、眼、身、步、精、气、力、功。十二型为猫窜、犬闪、兔滚、鹰翻、虎扑食、马奔槽、蛇吐芯、猴献桃、鸡啄食、鹤击群、蟒翻身、龙探爪。要求拳似流星眼似电，腰似蛇行步赛钻，精力充沛气宜沉，力要顺达功要纯。拳歌云："练功先站桩，大顶增力量；打拳不遛腿，到老冒失鬼；练拳不活腰，终究艺不高；死力不足贵，活力最为高"。打要准，定要稳，发要匆，变要快，闪要巧，要讲勇、猛、奸、毒、狠、急、快、变、利、巧。

唐拳之应用，称为一擒拿，二封闭，三闪避，四散打。以上四法，分上、中、下三盘。上用搂、打、腾、封、撕、锁、缠、抓吓用踢、弹、扫、挂、踹、跺、提；中用推、挑、托、扣、闪、展、刁、拿。先见敌方虚实后进招，逢强智取，遇弱生擒。

唐拳之兵刃，分长、短、大、小、软、硬、带尖、带刃、带钩、掌刺各类，又各有所长，用法多变，各具哲理。讲一寸长，一寸强，一寸短，一寸巧。长器械以长见优，短器械以巧取胜，重器械以力得实惠，短器械以巧破千斤。

唐拳的代表套路有：十路弹腿、六趟唐拳、单遛腿架、双遛腿架、青龙拳、五虎拳、关东拳、小式拳、三趟飞虎拳、对打青龙拳；六合单刀、雁翎单刀、三合剑、八仙剑、钟馗剑、梨花枪、春秋大刀等。

第六节　劈　挂

劈挂拳法创自何时，何人所创，均无实据可考。取名劈挂，据其传人称，此拳法迅猛彪悍，大劈大挂，很多招式运用劈挂。

劈挂拳法由两支传入沧境。一支是在清乾隆四十年（1775）左右，一云游韩姓道人留居盐山县大左村之古庙中，村民左宝梅喜武，常去庙中与韩攀谈武功，二人意合，几次较技左皆败。左探其秘，韩说，他本系福建少林寺之僧，多年习武，因反清，寺被焚，僧四逃，他化装道士北上，寄居于此，觅知音，授拳法。左拜其为师，刻苦习练，得劈挂之真谛。此拳之全称为通臂劈挂拳，共有四路：一劈挂，二青龙，三飞虎，四太淑。随着左宝梅后人之深研，认为"通臂"拘泥于形象，与劈挂拳法之特点不尽相符，遂改为"通备"，含义更实。其精义概括为"通'神达化，备万贯一；理象会通，体用具备"。"通备"由谁初提，据马凤图遗稿称：他得于业师黄林彪，黄得于师叔李云标，李得于师祖潘文学。初改时，内称"通备"，外称"通臂"。宣统二年（1910），马凤图等在天津创办中华武士会，受当时有声望之拳师肖公辅许可，"通备"方公开使用。此支以韩姓僧人为第一世，至今已传九代。另一支是清朝末年，宫廷武卫郭大发，南皮县六庞庄人，晚年回乡，将劈挂拳法授予本县旮庄赵氏，赵氏家传三代至赵世奎。民国七年（1918），赵世奎应招入保定曹锟部苗刀连为伍，演劈挂拳，受苗刀教练刘玉春赞赏，收其为徒.，授通臂拳和苗刀。赵遵师嘱，将劈挂拳法授予师弟郭长生。

两支传入沧境之劈挂拳法，套路风格，有同有异。民国十七年（1928）在南京中央国术馆，马英图与郭长生相遇，切磋技艺，马英图将其业师黄林彪、师祖肖化成、李云标等所传之技艺和理论拿出，郭长生将赵世奎所传之技艺及刘玉春所授之通臂二十四式拿出，二人将劈挂拳法各技之长并吸收通臂之术，使沧州之劈挂拳法合为一体，并更臻完善。马凤图幼年随父捷元习劈挂拳，又与舅父吴懋堂习青龙拳，后与吴懋堂、吴世科习八极拳，12 岁正式拜黄林彪为师改练劈挂拳。他旅居兰州后，以"通备劲"为核心，吸取各门类之精华，发展和提高了劈挂拳法，同时充实了拳法之理论。至此，沧州之劈挂拳法分三种情况流传之。一是左宝梅的家乡盐山县一带，仍习练祖传之套路；二是沧州市区由郭长生之子郭瑞林、郭瑞祥及徒韩俊元传及许多省、市和日本，习练马英图、郭长生磋合之套路；三是陕、甘、宁等省、区，习练马凤图综合改编之套路。马凤图之子颖达、贤达、令达、明达广传于西北诸省、区。左宝梅一支，至今已传九代；郭大发一支，至今已传六代。沧州劈挂拳，曾在中央电视台、河北电视台、上海电视台、广州电视台以及日本泛亚细亚电视广播中心播放，中、日一些武林刊物亦多有介绍。

劈挂拳法劲力之核心为"通备劲"。通备劲可归纳为十六字："大开大合，猛起硬落，辘轳翻车，如珠走盘"。其劲力集中于"吞吐开合，起伏拧转"。"吞吐"系胸背借助于呼吸而完成之动作；"开合"系以腰椎为中心，颈椎、尾椎为两端的伸屈动作。"吞吐""开合"融为一体，使躯干开合如弓，胸背吞吐如弦，发出之力如无影之箭，加之上下肢的起伏拧转，乃形成调全身之力，以最快速度集中于一点之合力。

劈挂拳法之风格，迅猛剽悍，大劈大挂，起落钻伏，伸收摸探，拧腰切胯，开合爆发。双臂密如雨，劈挂赛抽鞭，势如江河流水，起伏跌宕，一泻千里。虽无定式，动作急爆而节奏清晰，劲力饱满而舒展飘洒，使观者感到优美而又不可捉摸。

劈挂拳法的每个套路，各具独特之风格。如劈挂拳快套，起落钻伏似墨燕点水，以"敏"见长；劈挂拳慢套，辘护翻车雄且壮，蜿蜒蛇行骨存神，以"密"见长；青龙拳如青龙出水贯长虹，舒展潇洒身法捷，以"长"见长；挂拳疾行健弹，身捷步活，以"高"见长；炮锤朴素浑厚，刚劲饱满，以"健"见长。

劈挂拳法之特点，推挡急，速度快，劲力爆，胳膊长，腰身好，招数严厉，变化莫测。

此拳法之基本功，强调腿、腰、臂三盘。主要训练单挂掌法，双挂掌法，单臂手法，双臂手法，拽臂法，双臂对折法，乌龙蟠打活腰法，行步双臂滚挑法，沉肩通臂法，扑挂法，劈挂法，抹腿、抖腿法，高悬腿法，抄手起脚法，空摆莲法，反点腿等。要求达到手似流星眼似电，腰似蛇行足似钻。以"两肩调直，溜臂合腕，拧腰切胯，沉肩气按"十六字诀验其正确与否。习练套路，遵十字要诀：正、顺、活、合、快、力、巧、精、妙、绝。

劈挂拳法重攻防技击，讲求实用。其演练招数为：滚、勒、劈、挂、展、卸、剪、裁、掠、摈、伸、收、摸、探、弹、侧、擂、猛。其常用招法有：单劈、反劈、撩阴、左右开门炮、大跨步、小跨步、前劈横、挪锤、倒发乌雷、搅地龙、招风手、抹腿、抄手起脚、反点腿、蹶子腿、倒打腿等。此等招法，随机应变，任意组合，或真真假假，或虚虚实实，真能变假，假能成真，以多变取胜。

劈挂拳法之套路，有劈挂拳快套、劈挂拳慢套、青龙拳、飞虎拳、太淑拳、炮锤、挂拳、白猿三出洞、溜脚式、十二连锤、滚雷拳、滚雷刀、滚劈陌枪等。器械有刀、枪、剑、棍之单练和对练。其特点是套路不多，招式齐备。韩俊元与其子共创之劈挂滚雷掌，曾在全国传统武术观摩交流大会上获金牌。

第七节　功　力

功力拳法，讲内功练气，外功练力，内外合一乃为功力。拳法之名，因而得之。

功力拳法分两支传入沧境。沧州城南十余里之尹家桥为一支，沧县高河村（今属孟村回族自治县）为一支。

尹家桥一支，于清嘉庆年间（1796—1820）传入。时有一蓄发僧人云游至此，自称姓邱，南省人，因家贫命薄，故带发修行。该村有一富户尹玉文，字占鳌，自幼习武，少年中武生员，但其不求功名，而慕侠义之士，济困危之人。他见邱慈眉善目，谈吐文雅，且医术精深，有求必应，又视其左臂伤残，遂留居家中。每夜，尹必习武于后院，邱暗窥之。一夜，尹忽听墙边有笑声，忙问何方朋友，只见邱敏跃尹之面前，说道："施主练功甚勤，可惜只能猎取功名与俗人夺魁耳。"尹醒悟，知邱系功深之师，叩拜求教。邱感尹之德，爱尹之志，遂授功力之拳术、兵刃及独斗群战之法。严寒酷暑，风雪之夜，持之以恒，从不间断。逾数载，邱对尹说，你我功缘已满，野鹤闲云，随我之意，不必强留。尹无奈，送邱至沧城东南四十里之铁狮处，邱再试尹之功力。尹右手扶狮腹跃至高丈余之狮背，左手击狮臀，其力如锤。邱云：汝硬功尚可，轻功差之。话间，邱挽左袖，显枯细之臂，以臂擦狮身，其声刺耳。邱云，其左臂乃操练之果，而以残掩人耳目，为备防身应急之用。别前，尹再拜，求师深教。邱曰，三年后蓬莱相会。如期，师徒相会于山东蓬莱，共访浙江普陀岛，同游山西五台山。此间，邱授尹功力拳法哲理，传特有之双拐击法。至此，尹获功力之全术。后人称邱为邱祖，奉其为沧州功力门之始祖。

此支所传七代之主要传人为：尹玉文传艺予沧州西门外高桂祥。高授徒多人，尤以李国良、肖四、李四功夫上乘。高晚年居沧州西南王官屯，授徒刘清河、薄天元。肖四，力大过人，人称"肖四金刚"。李国良，人称大镖头，精单刀与双拐诸术，早年效身清廷，历任游击、千总、总镇等职。晚年解甲归田，设场授徒。其徒以侄李富臣为最。王官屯薄天元亦授徒张德臣、邢万祥等。李富臣，擅硬功和点穴术。民国元年（1912）至民国八年（1919）于北京消防总队和保定直隶督军曹银部任教。其一生授徒百人，得意之弟子有赵清海、魏宝贵、李凌霄、王宝善、方来春、梅占元等。王官屯张德臣授徒邢安邦、吴殿臣、吴殿选等。赵青海、魏宝贵曾随师去曹银武术营当兵。后赵于沧县兴济设场授徒，魏亦分别在沧县兴济、沧州城北北陈屯等地授徒。魏之弟子有其子魏占林及徒陈焕云、任贵玉等。李凌霄，尤精剑术，早年随师李富臣去曹银部从戎，后与师弟梅占元去大连造船厂做工，在当地授徒。返里在沧州授徒徐雨辰、田治华、其孙李德安等人。王宝善，精于气功、硬功，尤擅大枪术，授艺予王炳军、王炳臣、徐振海。邢安帮、吴殿臣、吴殿选于津谋生，遂将功力技艺传播于津门。李德安系李凌霄之孙，自幼从祖父习武，并得多位拳师点拨，为发展功力拳术多方尽力。刘金荣、崔宝林、李德安授徒多人，三人均为沧州市武协委员。

徐雨辰迁居西安，成立沧州武术研究会，授徒数十名。1981 年，徐于福州演练功力拳，被拍成电视科教片。他所著《沧州功力拳法》，已在《武林》杂志上连载。在台湾之沧县籍王凤亭传授功力拳术，徒甚众。

高河村一支，据传，于清咸丰年间（1851—1860）传入。时一游僧旅居涨沙村娘娘庙。高河村尹平，以卖油条为生，串乡至涨沙，见庙内古树摇动，哗哗作响，暗视之，见僧人以掌、肘、背击树练功，并演练拳术、兵器，甚慕。从此，每日至涨沙，必赠僧以油条作早餐。久之，僧解其意，感其诚，授其功力拳法数载。别前，赠功力拳谱一册。此支至今已传七代。尹之徒苏连祥、许荣泰、吕仲秋等均名扬乡里。苏之徒吕德庆，拳术精深，清末中武举，在军中与同僚创编"绝户枪"。后之传人，均视功力拳法为珍贵遗产。七代传人吕秀增，曾就工作之便，授拳于天津、长春、成都、宜宾等地。1988 年，于高河村建立武馆，自任馆长，从习者数十人。

功力拳法之风格，舒展大方，节奏明快，浑厚质朴，端庄扎实，实而不华，力随招发，招随式出，形美而力强，敏快而理通。此拳法之特点明显。因讲内功练气，外功练力，则集健身、防身、医病于一体，有调气、劲力、功架之独特练法。习练者，可视年龄和体质之差异，分武功和内养功两种练法。拳、械套路之编排，先简后繁，先慢后快，一招一式，皆具哲理。其击法力猛脆快，而不过劳伤气。练毕，有心静气顺力通神足之感，无气喘变色之状，素有男女老少皆宜，功力门多寿星之说。

功力之劲力，拳谚云：内练一口气，外练筋骨皮，丹田分上下，劲力必须知。习练者，重功架之正确，练内脏之真气，方显其劲力。劲力分绵长和爆发两种：拧、贴、粘、钻为绵长力，靠、挤、撑、冲、挣、砸、闯为爆发力。拳经云：气存于底，劲行于外。运用气劲，通、透、穿、贴、松、悍、合、紧八字为纲；技击实用，撇、坐、胯、缠、钩、挑、撩、擢、挨、膀、挤、靠十二字为诀，亦此门拳法之指导核心。

基本功，入门学者，必首重武德。德正而行直，德歪而行斜，德正意纯再练其功。练功，先练调气，后练劲力，动作准确，持之以恒。基本功以功力拳为主，以掌握手型、步型、手法、步法和力量运用等基本知识。同时习练靠身功和指掌功。练此，以增强身体各部位力量。利用树木、木桩、墙壁等习练靠背、靠胸、胯打、臂击、腿碰、脚踢，为靠身功；以摔掌、抓砂、插砂、抓坛、掷砂袋等法为指掌功。基础坚实后，再练套路。

功力拳械套路，在不断发展。各套路之许多招式，也在不断向美观、实用方面改进，更富有哲理性和科学性。其代表性的套路为：功力拳、太子拳、行拳、三角园、对捋手、功力枪、行者棒、对刀、功力少林刀、功力双刀、前十棍、后十棍、单刀进枪、双刀进枪、邱祖龙门刀、擒拿捋手等。

第八节 燕 青

燕青拳，又名秘宗拳、颜青拳、弥祖拳、迷踪拳、迷踪艺。燕青之称，传为《水浒传》人物燕青所传；又云燕青为官府所缉之人，故隐其姓名，称其术为秘祖；又称燕青于被人捉拿途中，在雪地行走，巧施步法，得以逃脱，又名迷踪。

以上诸说，假托小说之人物，不足凭信。据拳谱序载，此拳术由嵩山少林寺和尚紧那罗所创，称弥祖拳。因紧那罗法号严青，久之音讹，又叫颜青拳。但此说亦难凭信。又云，秘宗乃佛门术语，故称秘宗拳。现在沧州市区、郊区所传陈善支系多称燕青拳，其他支系多称秘宗拳，实为异名同源之拳术。

沧州燕青拳之传人，尊孙通为一世祖师。孙通之徒分五支传艺。沧州（今沧州市）孙庄子陈善，天津市静海县苏家园吕铜锤，沧县科牛庄余氏，东光县安乐屯霍恩第之师和沧县李龙屯庙智远和尚各为一支。

陈善一支传人最多，功深名震者亦广。陈善刀技称绝，时称"赛胜英"，又精擒拿点穴之术。陈传其子陈光治，授徒赵明茂、李实、余桐波、吕占鳌、于五等，至今已传八世。三至六世主要传人有陈玉山、刘文岭、杨昆山、吕金声、莲阔和尚、韩玉堂、赵同恩、赵景兰、余顺义、郭锡山、李霖春、李坚武、李实广、张连群、米连科、陈凤岐、姜容樵、李元智、孙玉铭、孙桂田、刘振山、卢振铎、刘景春、李书亭、赵寿山、胡振海、林毓山、张树林、肖玉峰、曹晏海、许金亭、许广忠等。

吕铜锤一支，传于青县和沧县东北部，门徒以周义和周六名气较大。周六去北京谋生，周义分别传青县赵六和沧县某村韩七。赵六传黄德贵，韩七传李奎、周达，黄传杨锦榜、黄凤山，李、周二人传刘润湘、左清和，黄凤山传王岐，刘润湘传刘滋茂，左清和传董西元科牛庄余氏一支，传于沧县高家口（今属黄骅市）刘吉发，刘传本村高锡林，高传高德怀，德怀传高玉庭，玉庭传高思武、高思义。

沧县李龙屯智远和尚一支，智远传姜炳，姜传官长元、官长和，长和传北阁赵炳岩等，赵传自来屯李恩惠诸人。

霍氏一支，自东光县移居静海县（今天津市静海区）小南河村。霍恩第传子霍元卿、霍元甲、霍元栋。霍元甲广撷多门之艺，改称迷踪艺。霍元甲之子东阁去东南亚国家传艺。

燕青拳法有其鲜明特点：架势较小，腿法突出，拳腿相随，快慢具理，守中寓发，伸屈待机，虚实相辅，变化灵活，难以捉摸。燕青拳之手法，讲出手皆为招，抓、捋、拿、打、摔，出手连三招。其腿法以十八种勾法为重，拳谚云："手似两扇门，全凭腿赢人"。功成者，手拨六向，脚踢八方，穿手画弧，五弓抱桩。其步法多为斜行拗步，进退闪跨，跃纵腾挪，连点展搓。其身法讲侧、转、钻、翻、吞、吐、俯、仰，随机应变，一法数招。起伏、翻转、回环、侧绕、勾挂、盘旋、跳跃、顺送，巧妙运用。

燕青拳法内容丰富，技术全面，故其演练风格姿势优美，快慢有度，潇洒大方，招数科学，老幼皆宜练，健体又防身。

燕青拳法之习练，讲究慢练功，快练攻。练功讲八字要诀：抢、靠、颠、粘、卷、提、挎、挦，亦称八大式或八大招。此八诀亦此拳法之纲，每字不能以一招一式代替，而蕴寓于每招每式之中，每字含八目，计六十四目。基本功练就，技击法则会深悟。

燕青拳法之拳术套路有：燕青架子、遛腿架子、连手拳（四路）、秘宗拳、绵掌拳、五虎拳、豹拳、大进拳、燕青查拳、趟拳、靠拳；对练有摘扣.子、十八勾、八折、八打、挤不靠、四打、破架十二式、大小进拳、靠打；器械有大九枪、小九枪、群羊棍、群枪、八卦奇门枪、六枪、九枪、双头枪、燕青四门刀、春秋大刀、云摩棍、双刀、双钩、孙膑拐；对练套路有三节棍对打、双钩进枪、单刀进枪、双刀进枪、双刀对砍、疯魔棍进枪、三路条、二郎棍、三节棍进枪、六路条。

第九节　地　躺

地躺拳之动作以摔跌为主，有"九滚十八跌"和"就地十八滚"之称，故名地躺拳。

沧州地趟拳，据传，系秘宗拳法。于沧之首传者孙通，所授称秘宗地躺拳。后经发展改进，自成一体。孙传静海县吕铜锤；吕传周达；周传周五、赵卯；周、赵传青县黄显贵等；黄等传周连甲、黄凤山、杨锦榜、褚玉通等，杨等传胡广明等。沧州郊区等地亦有些人习练此拳，但传系不清。

明戚继光《拳经》曾云："山东李半天之腿，千跃张之跌"，即指此拳。此拳风格独特，扑跌翻滚，衔接严紧，巧妙自然，起伏灵敏，快速奔放，时而潇洒优美，时而扣人心弦，既有较高欣赏价值，又具明显技击术。

此拳法善用腿，以踹、蹬、剪、扫、勾、撩、踢、绊为主。其主要技法有：翻身楔、枪背、绞剪、前滚翻、后滚翻、刺剑、飞绞剪、鲤鱼打挺、扑虎、栽碑、盘根跌、扑地蹦、头翻、手翻、空翻、乌龙绞柱等。

此拳法之主要拳术套路有三趟地躺拳，器械套路有滚躺刀、滚躺双刀、刀里加鞭等。

第十节　螳　螂

螳螂拳，全称为通背螳螂拳。据传，系河南嵩山少林寺一修士王郎所创。一日，王在树下乘凉，忽闻树上二虫恶斗，观之，乃螂与蝉。螂身小力薄，而毫无惧惊，蝉粗莽力大，两膀一晃如轮。只见螂运用双柄，招数坚捷，上下贯通，数十回合，螂擒蝉杀之。从此，王必寻螂蝉相争之处，观其形，研其理，将螂之所用化为己有，分开手、眼、身、步，沉心静气，照自己心理练一世所长，著成拳谱，教众徒照练。一日，一小徒报日，见一螳蛇相斗，王急往观之。见蛇长五尺，舌出四五寸，势如疯蟒，缠绕不休，袭螳欲食。而螳却无慌意，把定双柄，二目直视，静待蛇进招。此刻，王担惊。心想，如螳被蛇食，此谱作罢。惊视间，蛇已近螳身。螳左柄一钩，右柄即出，势如闪电，飞身而上，箍住蛇头，连取二目，悠然飞去，蛇亡。王又将螳擒蛇之法注入于谱，称为螳之三绝：一日把簧取珠；二日换手箍顶；三日腾身擒蟒。从此自成一门。

相传，清嘉庆时，在北京西山八大处和天桥等地，常有一"疯僧"闲游。后在西山教一宫亲恩寿，习练拳术十余载，恩寿不知拳名。一日，恩寿去寺望师，师不在。一僧捧一谱交与恩寿，谱名《通背螳螂谱》，著者阎介修，谱内有其本像。此谱共二部，一部交恩寿，一部存于寺。以后，恩寿出任山东乐陵县令，赴沧县城东招募武士，受到大白头村武举杨俊普协助。杨俊普曾练长拳三十余年，年已五十，与恩寿较艺，负于恩寿。二人投契，恩寿邀杨去乐陵，传授螳螂拳法，使杨得其真传。杨传其子杨进元和徒杨永标、郭大兴、马大汉、周长春、王效仁、孙绍文等。杨进元又具金钟罩、铁砂掌硬功，人称"铁巴掌"。他传杨德清、杨德符、杨德玉。杨德清在吉林磨盘山出家，道号教伍，人称老道杨四爷。杨德符在奉天（今沈阳）开设福顺镖局，人称关东大侠。杨德玉系武生员。他等在本地和东北授徒多人。杨德符之徒杨积善，铁砂掌、闯王刀、梅花大枪均声震乡里，绰号杨八楞。杨春林精青萍剑法，民国二年（1913）被袁世凯部下聘为武术教师。民国十二年（1923）被国民军陆军第七师师长冯绍敏聘为武术教官。杨德玉之徒李雨三，技艺名扬沧城。杨积善之徒杨绩娥，民国八年（1919）被济南铁路局聘为护卫队教官。民国十年（1921）在上海浙江实业银行护院，人称杨五和尚。1951年参加《罗汉拳》拍摄。杨汝立在哈尔滨授徒多人。螳螂拳法已传七代。

　　螳螂拳的风格，潇洒大方，结构严谨；快慢有理，猛柔具章；快如闪电，慢中存招；猛具彪力，柔中寓刚；招来式挡，招出难防；随机应变，变法莫测。

　　螳螂拳法拳脚并重，内容丰富，技击性强，攻防具理。其手法、眼法、腿法、身法、步法、气法密切配合，运用一致，形神兼备。人之大脑为神经中枢之主宰，五官乃抵御能力薄弱之环节，太阳穴伤则全身颓废。因而，螳螂拳的击法，手不离头，善用挂耳、捆打、翻车、泰山压顶之招数。其步法较小，少弹跳，善用小弓步，小马步，小罗汉步，小四六步。进步，退步，拗步，步步埋伏，下盘稳固而步法变换快。螳螂拳能单练，能对练，能分项练，能组合练。因其拳的动作无高腿，少弹跳，故既适青少年练，又适老年练，借以强身，益莫大焉。

　　螳螂拳法之基本功，要求甚严。授法予徒，理象并重，使习练者既通其形，又明其理，深知其理而形有力，自我奋进。基本功除桩功以外，因其拳的特点突出手法，手功必强。摔砂练掌，同练腕、臂、肩，故螳螂拳成者多铁砂掌。当然，眼、心、气和中、下盘各功均需协同。拳规云：功成上招式，招式中再练功；功招共进，功硬招灵。

　　螳螂拳的拳套，分前七趟，后九趟，九转十八跌，共计二百多个招式。因门规很严，艺不轻外传，故其各套路的招式多无名称，有名称者也非单式，均以歌诀述之。习此拳法，无师不明。如前七趟的第一趟歌是："起手左右挂耳，化为握肚连通；泰山压顶势非轻，地趟插花并正；辘轳翻车翻车辘轳并用，打上扫下不留停，手脚起止不定。"九转十八跌为：双手带、搬砖、蛇踏地、挞腰眼、底别摔、剪子股、白马滚鞍、拉辇、走马活拽、螳螂仰面打、蝎蜇挞、搬肩、取后肾、拦马、倒提锄、猪拱地、抢别摔、绕瓣。另有挞六趟，翻车挞四趟和杨积善、杨春林发展之引打、翻车、拦马、头捶、压顶、砸肘、顶肘、挂耳、上撩、下挂、中取、劈砍、捆打等招数，一招数式，自由运用，更具螳螂拳独特技艺。

第十一节　八翻掌

八翻拳，原称八闪翻，亦称八翻手、翻子。

八翻拳谱云。"入门改换正八翻，内里包藏八趟拳"。即：八翻拳一手分八手，八八六十四手，故得名。

相传，八翻拳创于宋代。据拳谱载，明万历时，山东陵县城内王智远受艺于某高手。王传河南井封孙越南，孙传北京昌平宜山镇张四海，张传山东章丘回族马某，马传山东东昌府恩县庙立庄回族马祥九，约于清嘉庆时，马传河间府王士由村王学俊，自此，八翻拳法传入沧境。王传胞弟王学杰。王学杰年不满三十，其拳术即名扬乡里。据传，一日，他见河间府衙门前张二皇榜，榜文有"南京至北京，拳脚数李功"之句，遂揭榜藏于身，携至家中。兄见此榜怒斥之："此非玩笑耳，私揭皇榜有杀头灭门之罪。"其兄知李功乃雄县堤下头村人氏，时为皇宫总教官，精连环脚，武艺功深，皇帝赏识，特出榜以示天下人赞颂。王学杰不平，携榜夜奔北京，寻李功较技。李甚谦恭，接王入宫，命仆人待之。月余，李忙公务，不谈较技，王欲辞别，李挽留。数日后，李请王入演武堂，退侍从，闭门较技。李曾身着长袍，较数回合，李袍襟现数脚印，暗惊，亦为逢高人而暗喜。他脱去长袍，复与王较，数十招不分上下。李使连环脚之绝招，王穿至李背后，以反背锤取胜。李拜王为师，并奏明皇上，帝封王为武进士。王授术后返里。李集连环脚17式，列入八翻拳谱，名"连环脚集手"，丰富八翻拳法。李传饶阳县东张岗村冯声远，冯传肃宁县东泊庄李敬亭。李敬亭继业后，除授其子李遥，徒阎会图、阎寿臣、李德川、徐凤山等人外，并授蠡县高佐村国蔚茹。国与其徒冉连奎共在肃宁县大史堤村授艺。同时，肃宁城内于老泊在雄县向李功之侄李二楼学得此拳，肃宁县东答村徐金钊在饶阳县向冯声远之徒学得此拳，他等又皆在肃宁县授艺。因肃宁县习练此拳者人多功厚，故有"肃宁翻子"之说。李德川曾为北京德胜镖局镖师，徐金钊曾为热河（今承德）源顺镖局镖师，边老春曾为奉天（今沈阳）德顺镖局镖师。他等又各授徒多人，故"肃宁翻子"名扬遐迩。

八翻拳刚猛矫捷，动作迅猛，爆发力强，实而不华，刚柔相济，招法脆利，套路精悍，结构严谨，招式连贯，一气呵成，给人以干脆利落，锐不可当之感。"翻子一挂鞭"，道出其风格。

八翻拳师授徒，以武德为先。拳谚云："德正而行直，意纯功可成"。练手、眼、腰、步、胯、腕、肘、膝、肩之基本功，讲练八式之妙，72艺之功。当习练者知无不周，则勇无不生。八翻拳之功架，以弓步，马步为主，配之以扑步、斜身抑步、旱地行船步、叉步、踮步、蹿步。其身法，俯伏抑仰，拳掌运动快似连珠箭，集密如雨。其手法，虚实并举，变化莫测。其劲力，快脆硬弹，不沾不发，一沾即发，发则难防。

八翻拳行拳时，要求"五行清""六合明"。而实战应用时，则讲究"八翻虽有架，六合却无形"。拳诀曰："忽进忽退应机变，亦刚亦柔巧连环；虚虚实实难招架，指上打下手飞翻"。技击中，以小架赢人，躯体进退低来低去。其步法，进时擦地皮，退时慢起膝，踢脚不过膝。

八翻拳之招法，讲连手成用。拳歌云："连二连三为一般，五六成连定占先；八手相连能成手，十手连过妙含玄。"其运用之招法和打击之部位，如拳歌云："出手打鼻梁，回手打胸膛；拧身掩叠肘，挑袍双上手；铁幡杆顺手搂，往上打双裹手；里上打单挑肘，外上打顺插手。出手如翻板，式式相连，环环相扣，七件十三打，全身无处不击人。远有拳打脚踢，近有肘肩胯膝。"其基本打法，上肢以冲、劈、搂、挑、崩为宗，砸、扣、裹、带、封为系。下肢有勾、拦、扫、弹、踢。技击散打，讲远七步，近贴肩，非远非近走缠环。近贴肩又讲走着打，打着走，拳不空挥，手不空归，出手有压随挑，有冲随滚，有劈随架，不扣即搂，不刀即裹，出手竟引手，引手为破手，先破后打，以打破拿，破打并行。拳歌曰："上打鼻梁下打裆，左右两肘中胸膛；脚踢一阴反一阳，正面顺步把脚 ；勾挂连环双双使，后腿蹶子把人伤"。其拳理为：里走腾讹诈内，外打一溜条边；高挑低搂中来截，手动足凑身相随，短手破长手，进手攻无根；合手适开，开手急合；有封有闭，式式抱门。

八翻拳之拳械套路，随着各代传人的改进与发展，不断丰富而科学。八翻拳法以八翻为主，六趟为根。六趟根即母子拳，故曰母生出。正八翻为寸八翻、一字寸八翻、头八手、二八手、三八手、四八手、群拦八手、小十拳。六趟根有六趟，每趟有三个行门，每行门有四个进法，每进法有五手短打，称为十八行门，七十二进法，三百六十招法。另有五赶三截，十八拦腿。拳谚云："母子紧相连，伸手上下翻，穿撑裹横有展掩"。母子拳又有章丘母子拳、六合母子拳、燕青母子拳之分。此外，有黑虎拳、连环脚集手、小十拳、拨手追、太祖长拳、开场拳、七步拳、四部式、燕青拳、二郎拳、行拳、哪吒拳、醉八仙、八步紧缠身等。器械套路有少林单刀、少林双刀、车轮刀、十八拦刀、春秋刀、春秋大刀、旋风刀、大奇枪、小奇枪、六合枪、五虎断门枪、三节棍、护手钩、凤翅镋、八仙剑等。对练有刀对刀、枪对枪、空手对刀、空手对枪、空手对四枪、大刀对枪、大刀对叉、单刀拐子对枪、大青杆、梢子棍等。

第十二节　戳　脚

戳脚重手功、眼功、身功，尤重脚功，体现"手是两扇门，全靠脚打人"之拳理，故名戳脚。此拳演练时，有左必有右，有上必有下，一步一腿，脚重于拳，上下翻腾，协调严密。在沧亦有九翻鸳鸯脚之称。又因此拳法分为文九趟，武九趟，趟亦称支，沧州亦称九支子。

戳脚拳法传入沧境，约于清嘉庆年间。据传，当时有一武林高手赵老灿。赵何方人士其说不一，或山东，或山西，或南方？赵首传深县冯家庄张顺通，后传艺于饶阳、蠡县、固安一带。蠡县魏老方曾在北京大兴县打败旗兵七十余人。魏保镖南下去河南，遇高手，邀蠡县、饶阳、肃宁武友助战，被邀者有肃宁县北白寺村精短拳者尹长春。尹根据魏诉说强人招数之特点和众武友所献之计，创编36招法，名曰"开卦"，靠此术挫败强人。为此，魏与尹结为金兰之好，传戳脚与尹。戳脚拳法在沧境已传四代，其招数有所发展。

戳脚拳法，速捷迅猛，速而不紊，迅而有序，虽目不暇接，而招式清晰。其拳法，惯用双臂加腿，曰"三只手法"。上肢劈打挑砸，腿脚前踢后打。步法多取虚步，便于进退周旋。拳打脚踢，攻守兼备。拳谚云：肘护肋，手护心，抬腿进步护满门；手攻上，脚踢下，手脚并用难招架；胳膊拧不过大腿，顾上顾不了下；戳脚力大远击，使敌攻防无法。

戳脚拳法重技击实战，亦具强身健体功能。其招法，有助于关节、筋骨、肌肉、眼神之强健，有利于血液循环。久练者面色红润，体魄坚强。

戳脚拳术，取龙、虎、猴、马、鸡、鹤、熊、燕、豹、驼、鹰、鹤、蛇十三种动物之动态，深化为三十九种劲道。

戳脚拳法，讲究腿有八法：提、圈、掀、点、插、摆、踢、蹬；手有八用：起、落、崩、翻、钻、转、横、摇；身有八变：扛、挤、撞、晃、抽、抖、伸、缩；步有八进：急、倒、颠、斜、进、退、中、定。技击实战，脚踢七分手打三。戳脚分文武各九趟，共十八趟，八十一种腿法。文趟子重下盘，武趟子重中、上盘。上盘腿法有飞腾跳跃，颠翻倒插，捉摸不定之风，下盘腿法有快刀斩乱麻之势。

戳脚拳法之拳套，有金刚锤、玉环步、连环步、地功翻、三十六精门等；械套有大十枪、小十枪、燕翅钱、顶钱刀、护手钩、大奇枪等。

第十三节 沙 教

沙教，一称沙脚。称沙教者，谓开门祖师姓沙名云碧之僧人，以姓氏而名。又传云称沙教者，谓开门祖师为一李姓僧人，所奉为五众之沙弥支派。称沙脚者，据云二世传人庄八外地求艺，得金脚、木脚二高手真传，为纪念诸位先师，名沙脚。

据传：姓沙之僧人在东光县秦庄一庙内寄身，时有庄八者，母子相依，以讨饭及其母为人浆洗为生。沙见庄聪颖敦厚，又怜其母子，故要庄为庙内从事杂务，借以周济之。时久，密授技于庄。继之，又嘱庄南下求师以深造。庄遵师命，在南方某山中，得遇金脚、木脚二武林高手，学得五子梅、还阳功等技。沙去世后，葬秦庄东北之古树于。庄八迁居庄庄，授艺大皂户陈村尚魁元和本村富户马湘。尚仅授徒刘三标、潘某。马湘桃李满天下，堪称沙教拳法之一代宗师。据传，庄八自秦庄迁庄庄，为马湘守户。马时练少林拳，一百零八刀声震一方。马优礼于庄，并为庄娶妻。庄始未露其技，见马如此，遂愿传授于马。一日，庄待马外出夜返，持马家门闩于半途中和马交手，马之一百零八刀均被庄一一化解。后，庄速去，马大惑，一不知对手何人，又不知对手所持何种兵器。后见家中门闩多有刀痕，幡然所悟，遂拜庄为师，艺成后如虎添翼，名闻遐迩。据传，时皇宫失宝，窃贼几捕不能获，故命马捕贼，限其时日，并以其家眷为质。马湘追踪至四川，只身入巢，二人较技，不相上下。贼慕马之豪气，愿随马入京。待马一家人得解，此人即遁。马得意弟子五人：大刀李万春、大枪梁榜平、铁胳膊刘西洲，单刀赵有禄和晚年之徒双刀王华堂。

刘西洲从马湘学艺，并每至集日便携酒菜至大皂户陈村看望师伯尚魁元，从无间断。久之，得马与尚二人之艺。晚年，在京受聘于某王爷府任武术教师。故北京习沙教拳法者多由刘所传。

刘之子刘庭兰，后至京接任其父之职。刘与府宦有隙，获罪潜逃至南皮县。在此授张贵林、邢守仁。

张贵林授表弟李振声、李振芳及大屯村靳福顺。邢守仁授吴桥马迁庄李林、东光县于集冯春涛等。

李振声，连镇北古树于庄人，艺成后为镖师，身藏十二把飞镖，操兵器双头蛇。曾押镖至南方某地，强人将其围于小店中，图索镖银。李初云将此行之报酬尽与之，强人不允。李便佯称尽送镖银，要为首者出面对话。强人不知是计，自暗处走出三四人。瞬间，皆毙于李飞镖之下，余众逃散。李至 80 高龄，仍双腿各缚九斤沙袋，身负 16 斤沙背心，卸掉上述之物，动如脱兔。晚年从事木工活计，专做木棺。钉材钉，以拳代锤，为后人所亲见。其师弟靳福顺，亦为飞毛腿。冯春涛现年近九旬，仍童颜鹤发，身法敏捷。素以散手、散棍为著。冯早年在东北某镖局任镖师，后到冯玉祥部任武术教官，晚年与北京大成拳创始人王芗斋有换艺之交。河北省电视台与省武协曾两次合作为冯录像。

靳福顺授徒徐庄徐金禄，白眉张赵书元。冯春涛授徒众多，功深者有大郑庄郑宝福、连镇马福增、杨忠胜等。

马福增，至今习武四十多载，得冯之艺，名闻乡里。杨忠胜 8 岁习武，为冯之关门弟子，后迁沧州市。曾随师至石家庄共作散打录像。

李万春之传人多在阜城一带。

梁榜平传吴桥县后宁庄邱书阳；邱授吴桥县张占鳌；张授水波乡冯荣堂；冯授张书田、季书堂。

赵有禄，初在东光县任马快。后授徒王庄区宝魁。

王华堂，授徒邢殿升、汪魁元等。

该门门规甚严，轻不外传。传统套路较少，注重实践，讲求散打，并强调以艺医病。拳术有八大硬锤、大刀拳、击步长拳、无形拳。器械有五虎断门刀、无形刀、大刀、双头蛇、三节棍、齐眉棍、羊角拐、二郎枪。基本功法有马步桩、钉桩、弓分步桩等。练功达到上乘，可进修五子梅、还阳功。由此可掌握既能实战又能医病之能力。

第十四节　白猿通臂

白猿通臂拳，动作灵敏迅捷，犹如白猿攫食，故得名。

相传，白猿通臂拳法系陕西省延安府韩通（字展雄）所创。单传数代，约于清嘉庆初年传至王延明。王功深仗义，有"通臂王延明，威震陕甘宁"之说。时有浙江乌县金沙镇钮凤鸣、钮凤山兄弟二人，自幼习武，因打抱不平殴伤豪绅周某，被充军延安。钮氏兄弟闻王延明之武威，登门拜师，认真求艺。三年后充军期满，别师返乡。为避仇家，全家几经迁徙，定居于盐山县城北大韩村（今黄骅市黄骅镇），闭户授艺予钮朝宸。钮朝宸除授艺予钮万金外，并收贾书府为徒，从此，钮、贾二家成为至交。钮、贾二人分别授艺。贾书府传贾漠；贾漠，传贾宗信；贾宗信传贾云鹤；贾云鹤传贾灵泉、刘文石；贾灵泉传贾耀亭，刘文石传马云樵；贾耀亭传贾勃生；钮万金传钮九龄；钮九龄传钮德昌、钮德行；钮德昌、钮德行传钮英奎、钮英俊；钮英奎、钮英俊传钮安邦、钮安平；钮安邦、钮安平传钮宝禄；钮宝禄传钮崇麟等。此拳法在沧境已传十代。

白猿通臂拳法，力出于背，背、肩、肘协调。出手前伸后屈，前臂舒展，后臂随进，两臂经过上体而互相贯通。其拳出击迅猛，变化莫测，随击随收，难以揣摩。其眼神，远望近视，左顾右盼，与动作协调一致。其步法，稳健而灵活，伺机而变。其一招一式，讲求实用。在劲力上，强调冷、急、脆、快、硬、绵、弹、灵、巧，出腿强调明、暗、奇、绝。

白猿通臂之拳术主要套路有：溜腿架、四门小架、金鸡夺窝、沙金拳、白猿通臂、四门拳、八卦拳、二郎拳、大红拳、黑龙拳、一百单八腿、对练拳；器械主要套路有：土基枪、枪山、金花枪（又称绝户枪）子胥枪、三十六路大枪、对刺枪、十八刀、四门刀、六合刀、双刀、春秋刀、两路太师鞭等。

第十五节　短　拳

短拳，讲拳不远伸，脚不远踢，招法紧凑，变换敏捷，手法朴实，腿法灵便。据说，此拳法区别于宋太祖赵匡胤所创三十二式长拳，故称短拳。

短拳之创始人，据传，系绵、张二氏。拳谱载："绵、张二祖左右高，怀揣日月逞英豪；单鞭犹似龙探爪，双手劈开乾坤刀。"而绵、张二氏何代何方人士，均无可考。

清嘉庆时，有一称包和尚者化缘至高阳县边家务村，被富户赵某留居八载，将短拳授予赵之后代赵贤。赵贤传本村李占魁。李在天津和辽宁等地从事镖业和护院，很有名气。肃宁县北白寺村尹春长拜其为师，苦习三年，从此短拳进入沧境。尹除精拳术外，善用枪和铁筷子，在天津官府护院，名气较大，多人向其求艺。他见官府钩心斗角，欺压百姓，不愿为其效劳而归里%他授徒于肃宁县梁村与河间县果子洼、西九吉一带。他嘱徒只可为民，不可为官。短拳在沧境已传五代。其代表人物为：尹殿臣、尹凤台、尹汝岩、尹令波、尹友庆、尹西昌、尹树堂、尹恩诚、尹克亮、尹炳武、尹学智等。

短拳，拳式短而潇洒，腿法敏捷而稳健。其招式，虚实并举，避实击虚；攻防兼备，防而为攻；劲力急脆，爆发力强。拳歌云："走如风，站如钉，行如狸猫，势如猛虎。"其特点较明显。

短拳甚重基本功，其基本功以桩功为重。桩功之步法以骑马式为根基，同练弓撑式、三齐式、坐盘式，达到落地生根，摧而不屈。其手法重拳、掌、勾、爪、肘；其腿法重寸、截、扫、缠、弹、蹬、踹。练功时，要求头顶天，脚抓地，颈挺直，肩下沉，腰直、臀敛、扣膝、圆裆，里扣足尖，呼吸坦然。

短拳技击，慢中求快，快而不紊，以意行气，以气催力，内外相合，三盘协调；近身靠打，挨帮挤靠，指东打西，对方难防。拳不远伸无空隙，脚不远踢有根基。以滚身、滚肘、滚腕、滚手之术取胜。拳、掌、爪、肩、胯、膝、腿、头、肘各部并用，以肘见长。其肘法，以顶、盘、压、滚、撞、横、探、拽为常用，以短制长。其步法，多取蹲箭连环步。为防伤己，讲"四顾"：一顾头，二顾心，三顾软肋，四顾阴。

短拳套路主要有七：一、绵张拳，二、五路单随手，三、翻花，四、通臂，五、反臂，六、舞翠莲，七、八追门。器械套路主要有：五郎刀、七星剑、双钩、八封刀、禅杖、梢子棍、铁筷子等。拳械均可单练与对练。对练又以三十六巧打为代表。

第十六节　勉　张

勉张拳法，清嘉庆年间传入沧境。当时，河间府（今河间县）吴家庙村吴老四学艺于嵩山少林寺，传于河间城西北三十余里张家庄。据传，少林寺本无勉张门，其勉张拳得名，说法有二：一因吴老四先从师称"免"者习拳术，从师称"张"者习拳术并刀法，后又从师称"罗"者习枪法。吴为尊师，以青砖精刻师姓，文曰："敕封显威张罗免之神位"，供奉于堂屋坎方墙壁之正中。凡拜师求艺者，师坐于神牌之侧，徒向神牌叩拜之。吴以先师之姓，取拳法名为免张，立免张门。二因其基础拳法之第一节称勉张拳，免与勉谐音，故称勉张，并以此名著拳谱。

吴老四入少林寺习武数载，自感功成，欲辞师返里。师试其功，欠佳，遂复回寺继练数载。待艺精力大，师允其返里。返里途中，在一寺院洗脸，一僧想试其武功，趁其弯腰取手巾之机，以头戴之钢盔击吴之腰，吴眼疾手快，反手一掌，将钢盔击出甚远。僧笑道："汝功已成，可称铁巴孽矣！"经攀谈，僧乃吴之师叔。从此，吴获"铁巴掌"绰号。

吴老四返里后，留居张家庄，授拳法王玉山；王传张老天；张传李占鳌；李传李登瀛；李传子李永祥；李永祥传杜国栋。各世传人，均开门授艺。以吴老四为第一世，至今已传七代。民国十八年（1929）李登瀛赴南京参加中央国术馆比武，演勉张拳，获奖状和银盾。从此，勉张拳法扬开，除河间西部和北部一带村庄多人习练此拳外，传至本省文安县和河南省郑县、内蒙古自治区赤峰等地。

入勉张门者，必严守本门之警世格言：存心不善，风水无益；父母不孝，车神无益；兄弟不和，交友无益；行为不端，读书无益；心气高傲，传学无益；做事乖张，聪明无益；不惜元气，服药无益；时运不通，妄想无益；妄取人财，布施无益；淫恶肆欲，奉经无益。

勉张拳之基本功，要求甚严。在头、眼、肩、臂、肘、拳、掌、身、腰、腿、胯、脚、气等功均具基础要求之后，先练基础拳。基础拳分四节：第一节为勉张拳，第二节为功力拳，第三节为四平拳，第四节为通背拳，由慢而快，由简而繁，基础拳不到度，师不授套路。

勉张拳法属短拳类，招式动作较小，变化速度甚快，有神速莫测，防不胜防，优美而力爆之独特风格。行拳进招，虚实难辨，视虚可变实，视实可化虚。行拳过掌，臂有弯度，而拳掌有力，技击性强。其拳法注重近打，撑、崩、靠、打，常为敌之不顾。其步法。多用积步（小箭步）。又步法多变，以足根为轴，转换迅速，躲、闪、转、换、挪，灵便敏捷，有"走如风，站如钉，追星赶月不放松"之拳谚。

勉张拳法的主要套路有：连手拳，八卦手、四路短打、四路对拳、六艺拳、侮魅拳、五郎拳、剪拳、迎风八打、拘搂抱打十二捆、劈山靠打十二捆、变拳、大奇枪、伏虎单刀、劈山刀、五虎刀，麟角刀等。

第十七节　　太祖连拳

太祖连拳，据传，系宋太祖赵匡胤所创。因其基本功法套路称连拳，又因其数十个拳械套路招式连贯无隙，故称太祖连拳。

清嘉庆末年，东光县高庄村嗜武者李风于泊头镇遇一南方王姓拳师，二人投契，随王师习太祖连拳。数载后李艺成，曾去北京长顺镖局任镖师。他善使铁铜，一把铁铜行镖从未出差错，故有神铜李之称。在乡里，与沙教门马湘齐名，有"南有马湘北有李风"之说。李风之孙李万祯曾为南皮县张之万"状元府"护院。李风曾立艺不轻外传之规，他与后代仅在本族李氏传艺。第五代传人李长盈破祖规，开门授艺，其徒涉及东光、沧州、泊头、阜城等地。此拳在沧境已传七代。

太祖连拳之动作，多为大招大架，力贯全身，蹦、跳、踢、靠、踹、打、砸、扫、扣、旋、闪、捣，均寓于连拳基础功之中。拳械之招式，无不具理。尤其近来不断改进，形象更完美，健体更有效，实用价值未减，拳法风格未变。

此拳法演练，豁展大方，大劈大砍，明快开朗，迅猛有度，节奏明显，变幻莫测，招招具理。其特点亦较明显。虚实并寓，刚柔相间，变换巧妙，招进要害。

习此拳者必先誓遵武德。主要讲尊老扶幼，尊师爱徒；爱国爱众，扶弱拒强，一身正气，绝不欺人。

此拳法之拳术套路主要有连拳、六合拳、功力拳、小洪拳、六腿式、炮锤、月儿插花、二十锤、二长锤和拳锤对练。器械套路主要有三趟单刀、两趟双刀、两趟梅花刀、姜家枪、杨家枪、单刀进枪、双手带进枪、三节棍进枪、单刀拐子进枪、护平拐进枪、双刀进枪、匕首,进枪、对大枪、空手夺刀、空手夺枪、空手夺三节棍、空手夺双手带等。

第十八节　二　郎

二郎拳法,流传于沧境东南盐山、南皮、东光等县。其拳法之命名,并非假托二郎神之名,因其拳械套路均以对练为主,故名二郎。

二郎拳法传入沧州者系沧县圣佛寺崔庄(今属盐山县)之崔笠(约生于清乾隆末,卒于同治时)。崔笠幼丧双亲,四方乞讨,后拜"飞腿王"(名失考,大兴县人)为师习武。王妻系崔之表姐,王又爱崔聪颖正直,遂将二郎门之全部技艺授予崔。崔说,二郎门之门规为世代单传,授全术者每代只限一人,他乃第八代传人。清道光十五年(1835)崔笠回乡,设场传艺。

崔无子,有地八亩,由其徒王天维代耕。王侍崔如父母,崔晚年才将二郎门之全艺授于王。王天维(1820—1906)系圣佛寺小庄人,打破单传之门规·亦破非第一传人只授八趟长拳不授五趟短拳之例,大开门,广收徒,以圣佛寺八式房为中心,又在周围七十多村建立八式房。他授徒,只要门徒向他呈递门生帖,不收礼物,不取报酬。

王功底深厚。八式房夜间练武,他不坐不立,而是马步一蹲一两个小时。散场时,棉油灯由他在数尺外一掌击灭。一日夜,有寇六七人,盗王之耕牛,王持刀追去,从村南战到村北,寇之枪、棍均被砍断。王不欲伤人,遂喊:"我的鞋还没有提上,是朋友,走开,是冤家,前来。"寇将牛拴于树上遁走。次日,寇送来请帖，王单身徒手赴宴，制服寇首，寇称永不到圣佛一带骚扰。南皮籍的两广总督张之洞聘其为护院，不应。光绪二十六年（1900）义和团失败，清政府视民间习武者为"拳匪"，王被捕，家人变卖家产，将其赎回。他之爱徒，除其子王景贵外，尚有圣佛寺王尚林、刘玉齐、曹万支和南皮县段思荣、山东省乐陵县吴方成、申由甲等。

王景贵承父业，除主持本地八式房外，应邀在山东省宁津县十八个村建八式房，亲自授拳，不取报酬，甚受尊敬。

王景贵之子王玉山完整地继承了二郎拳法。他在东北修铁路，充脚行，对侵华日军欺压工友抱不平，曾胜日本武士。他被迫与官僚之弟子比武，得胜后怕报复,. 回唐山与师兄张玉亭教武。节振国、曹昆树均为其弟子。其子王春明，七岁随父习武，功底深厚。民国二十七年（1938）参加抗日队伍，组织武术连，后编为八路军 115 师东进纵队，教战士练武杀敌。曾任排长、《烽火报》沧南办事处主任、敌工站站长、锄奸助理、县公安局股长、连指导员、县人武部代理部长，后转业到地方。1964 年离休，回乡重建八式房，授徒二百余。其孙王海涛当选县武协委员、沧州地区武协裁判委员会副主任。次孙王海波被选入省武术队。徒刘金平被选入北京体院。

自崔笠始，二郎拳法在沧已传六代。

二郎拳法，刚劲有力，动作朴实，结构严谨，攻防严密，套路中之招式，均具技击价值。其套路运动直来直去，拳法掌术要求直打快收，无空架，爆发力强。

二郎拳法，包括长拳和短拳两部。长拳架式较高，动作舒展潇洒，多用明劲；短拳则架式较低，劲力短猛，稳健快脆。

二郎拳的招法多变，一招分多招，一手化多手，弹、踢、踹、扫、趟、挂、冲、砸。顶打切析，分筋错骨，乃常用之法。讲求攻取，后发制人，迎力借力，以力制敌。

二郎拳法的基本功，包括溜腿架、站桩、横叉、纵叉、压腿、冲拳等，练体练气，体气合一产生力。

二郎拳法的套路，有八路长拳，称乾、坎、艮、震、巽、离、坤、兑；五路短拳，称金、木、水、火、土。另有十二趟长拳和二郎拳。器械套路有二郎大刀、双钩、梨花枪、梅花枪、松枪、双枪、双刀、三节棍进枪、双匕首进枪、双手带、燕翅钱及棍、剑等。另有一独特之器械，名燕飞三棵剑（双剑），每剑三刃，剑长一尺五寸左右，其招法以勾、撩、刺、开、推、架、摆为主，练起来迅猛风流，用起来上下左右前后，攻防自如。

第十九节　少　林

少林拳法，传自河南嵩山少林寺，乃少林拳系之一支派，自立门户，称为少林。

据传约于清道光末年（约 1845），一自称少林寺僧人，游至献县城西杨庄，见一青年练武刻苦认真，遂与攀谈。青年见僧人功深识广，叩拜称师，留居杨庄，从其习少林拳法。此青年姓杨，名失考，习武数载，功艺大进，师甚喜，倾囊授其拳法拳理。一日，村边子牙河有一船行来，离岸约两丈，僧人由岸边一跃至船上，其徒甚惊，脱口对师说，师施"魔教"上船，师怒，遂离去，徒甚悔。从此，奋发研练，并开门授艺，后人尊其为少林拳法在沧境之第一代传人。杨之曾孙杨露春，天资聪颖，力大，为人忠厚，对拳法亦有发展。民国十八年（1929）任献县国术馆副馆长，向其求艺者，除乡里外，尚有河间、交河、崔尔庄等地多人，少林拳法广为传播。杨露春在家乡传杜老波，杜传郝俊臣，郝传冯连江，冯传冯广友，冯广友为县体委武术教练，将其拳法传到十多个乡镇，学员二百余。此拳法至今已传八代少林拳法，动作迅猛，大开大合；刚柔相寓，变招自如；拳法步法相随，发力犹如炸雷。

少林拳法的单练套路，有十五趟拳，五趟器械，其套路均属本门之基本功。十五趟拳法为四趟少林拳，一趟五花炮拳，十趟弹腿；五趟器械为八卦刀、子龙枪、六合枪、跨虎双拦、双刀。此等单练套路，技击实用价值不大，但，能锻炼手、掌、拳、臂、肘、腰、胯、腿、膝、足各功。各功均具一定基础，再习技击之招数，易练而功佳。

少林拳法讲究整力和吞吐。整力，即技击之一招一式，全身之整力均集中于出击一拳一脚。整力为此拳法之核心。吞吐，即避敌之力而全力击敌。你打来，我解避；趁你收回之机，我全力击出，后发制人。此拳之手法，先学"老三拳（即三组单招）"，逐步深化为七十二招数。其腿法，脚不高踢，两腿之力保持平衡，称为"两腿之力皆五五"，即使重心处于两腿之中。其劲力，讲出力必准，不准则速变；出力必猛，避实而就虚。上下左右前后，随机而变。习练者悟其拳理和功法后，再练对练套路，则识理更深。此拳法的徒手对练套路主要有小靠子、拆拳、单式对手、散手技击；器械对练套路主要有三节棍进枪、单刀进枪、梢子棍进枪、扑刀进枪、刀对刀、器械散招攻防等。

第二十节　斗　兽

斗兽长拳，属少林派系。据该门传人云，长拳分斗兽长拳与磨扭长拳两种。动作大蹿大跳，舒展大方。但练功时如此，技击时则功架变小以求速度，先发制人。其拳讲究欺步打，不予对手反击之机。拳歌云："欺步短打快如风，用功只用一天功；手脚相随眼对准，要想变招万不能。"又云："一招一个虎夺式，单打来人看不见。"该拳手法敏捷，攻势凌厉，其名概可缘此。

斗兽长拳何人何时传入沧州已无可考。最早可溯至沧县东北苏家园村（今属天津大港区）韩七。韩七，约生于清道光年间，人称飞腿，绰号假秦琼，手持双铜，身手不凡。早年在东北保镖为业，晚年归居乡里。据传，一日于集上；见一卖牛者索价甚高，遂发问为何要此高价。卖牛者云，此牛力大，可拉十个壮年前行。韩七与卖牛者打赌：牛能拉得动他，愿白送牛钱，否则卖牛者以牛相送。角力之后，韩七未挪半寸，唯鞋帮与鞋底被撕裂。卖牛者欲履前言，韩七笑曰：为吾买一双鞋吧。

韩七之甥端庭碧，8 岁时，因割草被本村富户赵姓所辱，径奔舅父家，立志学艺雪耻，15 年艺成，身手敏捷，人称"钻天鹞"。回村后，欲至赵家复仇，其父知庭碧之血性，惧其伤人害命，故携家迁居青县张虎庄。后端庭碧外出淘金，收徒一人。该徒随父携金返家时，路遇强人，父被杀，他仗艺脱身。逃至端处，具情实告，端携械随徒寻匪，几日不得。一天，见一标人马，前呼后拥，错以为贼。两相交手，对方多人被端击败。后从一人口中探知，原为押送贡银之人马。端大惊，自思己罪当诛，故与其徒远逃避难。官兵到处画图悬赏捉拿，称其为"钻天弼"，弼乃碧之误。清廷灭亡，端庭碧方得解。端曾在齐家务为袁氏护院，后又在天津衙门当差。护院时，授徒三人：大刀王勇、铁蛋子胡六和小徒刘奇中。三人中唯刘出色。据传，某年师徒二人在东北某地闻该地庙中一老僧，带徒百余名作恶多端，便寻庙住下。当僧众练武时，端故出言不逊，老僧大怒，要与其较艺。端言道，不必亲自动手，唯与我十五岁之徒交手即可。老僧先要刘击他·便禅坐一旁，闭目屏气。刘知老僧定用气功防范，自忖唯可智取，不可力夺。便几次上前，欲打又停，口中发问："我打行了吗?"老僧敛口不应。如此十五六。老僧不由厌烦，脱口说道："你快打吧!"刘趁僧答语泄气之时迅疾出手，击败老僧。众小僧伏地向端庭碧师徒告饶，端遂将众僧遣散。

端庭碧在家传端树珍等人。端树珍传端会明、端会同、端会元、端会兰。

端会明授徒刘云田、陈宝忠、端景亭、端景连、端景全等人。刘云田，1907年生，现年逾八旬，仍每日练功不辍，行动敏捷。青年时，其母在天津铃铛阁王家祠堂当保姆，时有沧县杜林武士刘某在此护院，武功称佳。耳闻刘云田习武，于刘云田探母时邀其演练。刘云田不得已，走了几趟拳术告辞。趁揭帘出门之际，刘武士从身后突然下手，使一个捆法，欲擒住刘云田。刘云田急速下蹲使倒扫腿踢中刘，见刘将仆地，又急用海底捞月，将其托住，顺势一提，使其立稳。刘武士满面带羞，特以酒食相邀，嘱其此事切不可泄。另次，刘云田在津南做工，乡人甚多，时有一黑大汉，欲寻刘等开心。刘仗义执言，大汉倚力大身粗，举手动武。刘借力使一招顺手牵羊，大汉措手不及，以嘴抢地，悻悻而去，众人大悦。

刘云田授徒百人，功较深者为端华章、刘凤洲、刘凤梧、于洪友、赵文静等。端华章、刘凤梧授徒七十多人。

习斗兽长拳者皆首重武德，历代无作恶之人，为乡里称道。

该拳法之套路有：长拳、练手拳、小十拳、中力拳、五虎拳、黑虎拳、杀进拳、老子拳。

器械有单刀十八刀、桃山出洞刀、听风刀、秦琼铜、孙膑拐、七节鞭、护手钩、五虎断门枪、上刃枪、杨家十三枪、偷天花枪、雁翎刀、双手带、中九棍、千节棍、二十四棍、行者棍。

对练套路有徒手十八折、桃花簪、架子打；器械套路有单刀对砍、二十四路闪手刀、单刀进枪、拐子进枪、棍对三节棍等。

第二十一节　明　堂

明堂拳法，创于何人，源于何代，因何取名，均无考。

明堂拳法分两支传入沧境。一支系清咸丰中年（约 1855）于沧县（今沧州市）城西吕庄子张某学得此拳，传于鸳庄张殿斌、郑守忠等，他等传艺于本地。一支系于清光绪末年（约 1905），沧县（今沧州市）城西大王庄鄢寿春传艺于大赵庄侯和玉，侯传赵世钦、曲文明、孙宴章、王金山、王振声、张永武等，赵等授徒众多。

明堂拳法，动作沉稳，步法健力，手法连锁，劲力饱满，一式多步，上下连贯，手脚并用，上下相兼。常用之法，有拳打、肘点、膝顶、脚铲、腿弹。其拳法讲三节分明：上节胫项眼手密，中节拧腰调胯晃肩克膀，下节有抽丝拔簧一条腿之称。其套路，结构简单，攻防显明，拳法周密，动作无华，实用性强，姿势整观。

明堂拳法之要论为：三明（手明、腰明、腿明）；三正（手正、身正、步正）。技击散打讲三前（手前、脚前、眼前）、三护（下护丹田、中护肋、上护百会）、三速（进速、退速、闪速）。拳歌云：“拳打抖劲，劲打遍身；上下兼顾，步移如神。”散打讲手到脚到，意到行到，擒拿锁扣，技全灵活。其拳法有十五字要诀：撞、摇、拔、抹、捆、拿、锁、靠、踢、屈、握、踹、弹、揉、挫。拳谱载，此拳须知为一胆二力三功四技。讲一练基，二练艺，三练技，四练气，五练力，全面功到，缺一不可，才谓明堂功成。

明堂拳法和器械套路，有两趟明堂架子、十趟罗汉拳、明堂拳、黑虎拳、单拳、明堂刀、明堂枪、四季枪、小八枪、六母枪、十八大枪、六合神枪、明堂棒、明堂刀、连环双刀、十八变化刀、春秋大刀、八刀、架子戟、双头蛇、四行钩、流星锤；对练套路有短打对拳、四路对练、双刀进枪、双手带进枪、大刀对单刀、空手夺双刀、空手夺双头蛇、空手夺叉、空手夺三节棍、二十四手闪手刀、对扎枪；三人套路有二龙戏珠、三不齐（即一人空手、一人持刀、一人持枪）等。

第二十二节　花　拳

花拳，取长拳短打之优，英姿飒爽，势态优美，故以花荣之，取名花拳。

花拳，相传为清雍正时江宁（今南京）甘凤池创编。据说甘通众家拳法，技高超，力甚大。一次外出，见两牛于路中顶撞，行人不得过。甘举步上前，两手分执两牛角，运足气力，将两牛分到两处，众赞甘之神力。

花拳传入沧州，约于清咸丰时。据传，时有一南方游人在河间县谢家村落户。此人武艺高强，谢彦瑞从其学花拳。谢之后代在本地和保定授徒。该拳法在河间一带传播较广。

花拳为一种短打拳法，取长拳短打之长，不讲套，重攻防散招，每招都假设对方用拳脚进攻，重实战。

花拳有短打跌法八十八式，皆为身手足配合跌人之法。每式各具跌法之技巧，可谓集跌法之大成。练时要求停快得宜，进退得法，架式得稳，转身得静，起落得速，起腿得停，上身得力，出拳得平，靠身得紧，收拳得快，满身得力。功成者，可上下左右协调，彼沾身即跌，伸手见跤。

花拳技出之要领有"打拳喜怒哀乐，虚势则喜，着力则怒，过势则哀，逼门则乐"。技击时气沉丹田，气促力发，以腰为一身之本，盘旋转侧，形如虎相，步动如飞，眼到手到，步到身到。交手时，两手护头、胸，两膝护裆部，眼斜视，见缝插针，侧身而进。

现存拳术套路有通臂拳、十二趟弹腿、长拳、金刚拳、小关东拳、梅花拳等十九套。

器械套路有火轮枪、小十枪、八封刀、太子刀、三节棍、小梢子、拐子、单青刀、五花棍等十九套。

第二十三节　埋　伏

埋伏拳法，何人所创，创自何时，无从考察。此拳法前招虚，后招实，虚招后面埋伏实招，实招借虚招而进，故称埋伏拳。此拳法与异门同名之拳法有所不同。

埋伏拳法传入沧境，约在清同治初年。时，献县东高坦村张廷义从师霸县张氏习得此拳法。张廷义为埋伏拳法在沧境之第一代传人。张传西高坦村隋星瑞；隋传本村王汝生、吉占奎；王传吉万山、王树祥、隋运朴；吉万山传李玉合等。李玉合授徒较多。此拳法至今已传七代。清光绪初年，张廷义在北京苑城镖局任镖头，人称"盖京南"。王汝生在哈尔滨从事商贩业。民国二十年（1931）"九一八"事变后，王卖西瓜，几名日本军人吃西瓜不给钱，并殴打王，王将其一一打倒，从此"献县王"名声传出。王汝生之徒吉万山，人称"生铁蛋"，王树祥人称"铁棒槌"。吉万山在哈尔滨与苏联大力士杰力柴夫比武，吉胜。

埋伏拳法出手急快，招式迅猛，以虚掩实，虚实具理，环环相扣，刚劲为主。

埋伏拳法动作，多为大架子。窜、蹦、跳、跃，为其拳法之明显特点，故重练腿功。踢、溜、旋、摔、跳、扫，强调各功具备。其手法，以"拿腕"为主，以抓坛、掷砂袋练手、臂、肘功，练四肢亦增腰力。此拳法招数，讲打八趟，拆八趟，八八六十四手；有四生、五避、八截，七十二把活锁，一百单八招。

此门拳师授徒，先传门规。门规亦称师命。师命必遵而不可违。门规为：孝父母尊师长，不准打架斗殴，不准动手嬉逗，不准欺弱好强，不准行为不轨，不准靠艺图财。

此门套路，先练八路埋伏拳，每路八式，共六十四式，亦为此拳法的基础拳。然后练六家式，大小溜腿架、大洪拳、小洪拳、四趟拳、八趟拳，后又引进小虎燕拳等。对练拳术有洪拳对打、散手串子、拆八路拳等。单练器械主要有八卦刀、六合枪、双刀、张飞迎门枪等。对练器械主要有单刀进枪、梢子棍进枪、三节棍进枪、枪对枪、双拐进枪、单刀拐子进枪、梢子棍对拐、刀对刀、双刀对双拐等。

第二十四节　查　拳

查拳，据传，明末回族查尚义（一称查密尔）所创，为纪念其功绩，取其姓氏为拳名，曰查拳。

据 1985 年出版之张文广著《中国查拳（下册）·查拳源流初探》载："鲁西一带查拳拳师也多称沙亮是传说人物查密尔之外最早的查拳拳师。"清李桓辑《国朝耆献类征初编》卷 348 载："沙亮，山东冠县人，雍正五年武进士·授三等侍卫，游署西安城守营参将。"《沙氏族谱》称，约于元末明初时，沙氏祖先从天方迁至山东冠县。明末，沙厚庵一支迁居冠县城东张秋镇。厚庵之孙沙亮，雍正丁未（1727）科武举人，戊申（1728）科武进士，授三等侍卫·后被荐署西安城守营参将。乾隆十二年（1747）率延绥兵随清军征金川，六月阵亡。据传，沙亮可能系查拳创编者。其据有三：①沙之简历及族踪某些情况，颇似冠县传说中之查拳始祖查密尔；②沙县具备创编查拳技术条件；③沙为有据可考之最早查拳大师。

在沧州有另一传说，云：唐玄宗天宝十四年（755），起安史之乱，国都长安（今西安）被攻占，玄宗逃往四川。次年（756）肃宗即位。唐将郭子仪等率军讨逆。传说郭之军中有回纥部落精兵数千，首领为马路坤丁。郭军收复长安、洛阳，回纥兵功劳显赫。帝欲晋爵行赏予马，马谢辞官爵，要求于中原授拳和传播他刚接受之伊斯兰教义，帝允。马于京都一带授拳，帝信一臣之启奏，恐回纥军造反，遂将其军分调各地，以便有反者分而治之。其军分散，仍授拳传教，徒甚众。帝恐其谋反叛，派员查访，并亲睹拳路。当知习拳者一为健体防身，二备为国效忠，帝悦，并鼓励之。为纪念帝之亲查，改马路坤丁拳为查拳。

查拳何时传入沧境，无考。据传人回忆，仅追述至清末。时，马文通授艺予刘化龙。刘传马云龙、沙宝兴、尹凤元、冯长生、冯振清、张长庆等。马、沙等传胡万通、王子平、吕桂荣、刘振江、刘云山、张宝安等。胡等传胡云祥、张少杰等。王子平授艺于上海，吕桂荣授艺于天津。胡、张等授徒多人。

查拳有其独特风格。动作敏捷，动速静定，动静有度，节奏鲜明，畅快舒展，劲力顺达。

查拳之特点明显。其一，舒展圆润，小动作小巧严谨，大动作舒展大方，大小动作均要求手、眼、身、法、步、肩、肘、腕、胯、膝紧密协调。其技法须意向明确，有华有实，华实并寓。拳谚云：动有法，式多变，静如画。其二，发力爆脆，出技发力，不蛮不僵，纯而不杂，动如闪电，爆如炸雷，刚柔自如，干脆完整，技击时集全身力于一点。其三，节奏明快，一招一式，动作清晰，讲究看、关、定、式、精、气、神之完整，缩、小、绵、巧，变化恰当。快要快得突出，快中有慢；慢要慢得有度，慢中寓快。其四，奔放饱满。此拳套路布局，走方形，布全面，曲、直、弧迂回穿插，充满全场四角，式之大小结合，开合相间，错综而清晰，迅猛而绚丽。查拳共有十路，各路又各具特点。一路系开门拳，主要练功架，有四平拳之说；二路穿掌运臂，主练拳掌臂功，有行手之说；

三路多跳跃，主练腿足功，有飞脚之说；四路结构严密，路线曲折，有式法全之说；五路潇洒精干，有风流急快比人先之说；六路腿法密集，连环多变，有六脚式之称；七路结构圆滑大方，闪、展、腾、挪，穿插于细腻技法之中，有七枝插花拳之称；八路简洁干练，招式贯通，步步紧扣，动静相间，有八步连环之称；九路动作疾速多变，忽而跃起如蛟龙腾空，忽而伏地似巨蟒游窜，间歇停顿后固若磐石，有九龙摆尾之称；十路柔中寓刚，刚则含而不露，动作舒展，矫健威严，有串拳之称。查拳尚有必练之腿拳。腿拳共两趟。主攻弹、蹬、摆、跺、戳、截、箭弹、连环腿等功。要求达到腿如利箭，疾似闪电，上下相随，技法施全之境地。

查拳技击有三要素：招、速、劲。招，即招法。踢、打、摔、拿，出击快，发力强，路线短，目标准。远腿，近拳，贴身顶、撞、摔。速，即出击与防守均宜速不宜迟，以我为主。劲，即劲力。劲力饱满而爆脆，方能制胜于对手。

查拳有十字要诀：缩、小、绵、软、巧、错、速、硬、脆、滑。又有五行、六合之说。

查拳套路，不断发展，拳术有十路弹腿、十路查拳、关东拳、飞虎拳、前后太子拳、张飞二路拳、小砸架、炮拳、大红拳、小红拳、劈挂拳等。械术有四门单刀、四叶梅花刀、迎风刀、金霞刀、拔步刀、五虎断门刀、小六合刀、劈挂刀、通劈花刀、四门双刀、梅花双刀、地躺双刀、六合双刀、四门大刀、梅花大刀、春秋大刀、梅花枪、青龙枪、大小锁喉枪、九龙枪、子胥枪、进细枪、大奇枪、五虎断门枪、张飞二路枪、五虎群羊棍、太子棍、太祖棍、前后青龙剑、龙凤剑、龙行剑、太极十三剑、纯阳剑、八仙剑、龙凤双剑、青龙双剑、沉香拐、行钩、双头蛇、风火枪、双枪、双手带、四门双铜、八楞紫金锤、四门扑刀、十三节鞭等。对练有对折弹腿、对折八极、小刀对大刀、枪进大刀、单刀进枪、三节棍进枪、双手带进枪、梢子棍进枪、空手夺刀、空手夺枪等。

第二十五节　滑　拳

滑拳，据传，为纪念将领滑宗岐，即以其姓氏为拳名。另说，此拳为山东冠县沙亮所传。此拳与查拳、红拳、炮锤、弹腿均为回族人民所喜爱，故有"查、滑、红、炮、弹"为一家之说。

滑拳传入沧州，约在清光绪年间（1875—1908），据传人云。沙茂林，衣衫褴褛，仪容疯癫，在沧州一带贩盐谋生。某日，天大雨，无处投宿，在沧州南门洞内寄身一夜，身染疾病。城内潘家楼富户刘成章，年二十，尚武，每日在南门附近晨练，发现患病之沙茂林，接至家中调养不怠。一日，刘演练正酣，忽听有人高喊："好功夫！"刘急收式，见来人是初愈之沙茂林。二人攀谈，刘觉沙对武术之见解深奥，遂生敬意。沙又演练一套拳，刘甚佩服，拜沙为师。沙感刘之诚，始传授滑拳术。刘成章授王振鹏、尹凤元。王授子王俊亭和张宝安等。王、张分授张少杰、齐恒山、张振清、王瑞清、尹树起、胡云祥、王元祥等人。沙后又授拳法予刘化龙。

另说，滑拳自山东传于沧州马氏，马氏嫡传至马文通，马授徒刘化龙。

沧州习滑拳者，大都集中于沧州市区东南部回族聚居区。也有人已将此拳术传至东北、山东、京津地区。

滑拳之技击以快为著，以"拿摔"见长，手脚并用，以腿制胜，手到步到同起同落。强调手、眼、身法、步在运动中之高度协调。谓之你不动，我亦不动，你若动，我急先动，出招快，收招快。击人以快打迟，收招以防不测，并为再次进攻作准备。诸种招数，"快"为首要，无快皆为虚谈。"拿"，即擒拿法，讲求粘、挨、连、绵、随、劈、撕、抒。俗称滑拳擒拿法为"两把半"，实战时仅用"半把"（即小缠一类手法及其演变）即可克敌制胜。滑拳重腿法，多摔法，以下盘为主，步法多滑动，动中寻隙赢人。腿法循十字：弹、戳、扫、截、跺、摆、蹬、挂、裹、撞。摔法中有劈靠摔、摇山摔、背胯摔、抹面摔等。

滑拳诸多练功方法亦具特色，如端木人、磨缸、抓坛子、滚铁球等，各功在实战中均具威力。

滑拳的技击特点，展现了该拳法之风格：动作迅疾，招法清晰，攻防联锁，配合协调，以动待动，后发制人。

滑拳之拳术套路有一路滑拳、二路滑拳、三路查拳、四路查拳，关东拳、梅花拳、飞虎拳、烈神拳、小洪拳、八极拳。

器械套路有梅花刀、金侠刀、通臂刀、断门刀、拔步刀、四门刀、四门双刀、梅花双刀、吕祖八仙纯阳剑、十三剑、梅花双钩、提篮双。

钩、张飞二路枪、梅花枪、青龙枪、指示枪、大行枪、锁喉枪、进挤枪、断门枪、钩连枪、梅花大刀、春秋大刀、四门大刀、扑刀、太子棍、五虎群羊棍、九龙太祖棍、燕翅镋。

第二十六节　形　意

形意拳原称六合拳、心意拳、行意拳。因习此拳要求"心意诚于中，肢体形于外，外形内意高度统一"，故改称形意拳。另一解释为，此拳模仿一些动物动作之特长，象形取意，故日形意拳。

据北京形意拳研究会考查，形意拳之始祖系姬际可（1602—1683）字龙峰，山西蒲州诸冯里北义平村（今尊村）人。姬乃小康之家，领地两顷，院十座，店铺数处，其家乡有"三晋粮仓"之称。而地处闭塞，民常为流寇所掠。姬自幼苦读，文成秀才，又少负壮志，苦练武功，精御敌本领，曾多次率众退寇。他将拳枪融于一理，概括为"智""勇"。六合、五行、阴阳、动静、进退、起落变化无穷谓其智，英气过人谓其勇。将其理贯穿于诸拳招之中，创多式短拳绝技。1640 年左右定型，乡里称"际可拳""龙峰拳"，世人称"六合拳"。姬传陕西精远镇大都督曹继武；曹传山西戴龙邦、戴文雄、郭维汉；郭传河北李洛能和河南李政。因各自发挥，遂形成山西、河南、河北三个流派，三种风格。山西的练法，拳式紧凑，劲力精巧；河南的练法，拳式勇猛，气势雄厚；河北的练法，拳式舒展，稳健扎实。李洛能传深县郭云深、刘奇兰、河间刘晓兰等。刘奇兰传深县李存义、河间张占魁；张传沧县姜容樵，李传任丘鄚州黄柏年；刘晓兰之徒任丘刘伟祥传杨福山，杨传河间马礼堂等。

　　沧州演练之形意拳，既遵传统之基本套路，又有所发展。其基本内容为"五纲""十二形"和"八字功"。"五纲"为劈、攒、崩、炮、横，按属性为金、木、水、火、土，故又称"五行拳"。"十二形"为龙、虎、猴、马、蛇、龟、鸡、燕、鹤、鸽、鹰、熊。"八字功"为斩、截、裹、挎、挑、顶、云、领。习拳者以五行拳为母，十二形拳为体，八字功为用。其意为，五行拳为基本功；十二形拳乃以象形取意为主体；八字功乃制敌应用之主要功法。除以上之单组外，又有组合之套路。如以五行拳组成之五行相生、五行相克、五行连环等；以十二形拳组成之形意拳八式、杂式锤、十二连拳、十二洪锤、出洞入洞、同形拳等；以八字功组合之八字单合功，八字双合功，形意连环拳等。其对练套路有五行炮、安身炮、散手炮等。刀、枪、剑、棍等器械也均有单、对练之套路。

　　形意拳法可归纳为：形神兼备，内外合一；动作清晰，精神饱满；力沉劲整，刚柔并用；步稳身正，气势贯通；运动自然，灵活大方；套路精悍，技击性强。形意拳象形取意，并非外形模仿，既似其形，更取其功能与技巧。其运动技术，要求严格而准确，既符合人体生理之特点，健身之要求，又重技击技术和理论。形意拳之基本步法为三体式。所谓"三体"，即指上、中、下三体俱备。一动一静、一起一落、一呼一吸均有严格要求。竖项、舐舌、正身、沉肩、坠肘、正掌、塌腕、弓腿、抓趾、收臀为子午桩法之十要，要领正而功可成。

形意拳法之一些拳套取名"炮"，"炮"乃迅猛、急爆之意。其散手炮，集五行十二形技法之精华，神意逼真，结构严谨，刚柔开合，内容丰富。九十个运动单元含六十二字技法诀：劈、攒、崩、炮、横、扑、拍、斗、冲、撞、挑、顶、云、领、盖、勾、爬、勒、带、揉、推、托、砍、压、挫、点、戳、探、摔、拧、采、披、掳、抄、搂、展、截、挂、裹、掩、肘、拦、弹、格、缠、刁、拿、锁、扣、扇、腾、挪、滚、翻、转、旋、踩、蹬、踹、踢、膝、胯。

形意拳法之战略，要求遇敌有主，临危不惧，敢打必胜，勇往直前，"能在一思进，莫在一念存"。谚云："打人如走路，看人如蒿草"。训练，面前如有人交手，有人似无人。其用招，强调快而准，"起如风，落如箭，打倒还嫌慢"。先发制人，以我为主。

沧州人习形意拳法者清末民初最盛，河间刘晓兰、张占魁、马礼堂、马登云；白学海，任丘郑州黄柏年、南里店号称"三山一岭"之杨福山、张采山、刘伦山和刘占岭，沧县（今沧州市）姜容樵等均名震遐迩。杨福山之女杨剑霞19岁时，于民国二十二年（1933）赴北京应苏联大力士麦加罗夫之挑战，练一趟拳吓跑大力士。黄柏年之徒张文广、赢生均为当代全国著名武术家。姜容樵授徒于沪，徒甚众。

第二十七节　罗　汉

罗汉拳，据传，因门人供奉释迦牟尼，并视此拳取十八罗汉之姿，故称罗汉拳。

罗汉拳于清末由山东省禹城市王福堂传入沧州。据传，王为义和团将领。义和团失败后，为避难流落到南皮县大赵庄村落户。王始以摊贩为生，常见本村王华林习武，偶尔施以拳技。久之，王遂拜其为师。自此，王始传授罗汉拳。王福堂一生未娶，死后由众徒安葬。王华林现年近八旬，仍在授徒。本村武术队多次参加县武术比赛，均获得好成绩。王华林授徒一百余人，本村王秉宏、王福来、王武生、王祖安等功底较深。周围村庄亦有其徒。

罗汉拳招式舒展大方，动静分明。技击快速有力，出手敏捷，讲求动作协调，重用上盘，以拳、掌制人。手法有大缠、小缠、里拿、外拿、翻拿、切掌、削掌、劈掌、罗汉十三按掌。拳术套路以罗汉拳为主，共十八趟。另有罗汉掌八趟，罗汉架子八趟及弹腿、对打拳等。单练器械有梅花枪、六合枪、夜战刀、六合刀、双刀、少林棍、九节鞭、龙形剑；对练器械有单刀擒枪、三节棍进枪、齐眉棍进枪、空手夺刀、白手夺枪、枪战枪、双判官笔进枪等。

第二十八节 八卦掌

八卦掌，以《周易》八卦理论为基础。八卦·图中央系以两个鱼形组成之圆形图案，谓阴阳太极图。阴阳太极图周围，以八个符号代表八个方位，曰乾、坎、艮、震、巽、离、坤、兑，谓之八卦。八卦掌之运动形式，走圆转掌，步法转换，腰胯转动等确有千变万化之妙，但万变不离推、托、带、拎、搬、扣、刁、钻八法。此八法即基于八卦阴阳变化之中。八卦掌走圆转换，其意为统揽阴阳，足踏八卦，正与八卦之变卦相同。

八卦乃道家学说。八卦掌源于何时，无史料可考。八卦掌广为流传，系在清道光至光绪时。今沧州八卦掌传人，均尊董海川为祖师。

董海川（1797—1882），直隶（今河北）文安县朱家坞人，自幼嗜武，力大聪慧，青年时喜遨游。据传，一次，董遨游至安徽九华山，迷途入山林，遇一道士，甚为投契。道士虽已年迈，却鹤发童颜，步履轻敏，演练穿掌于山林之中，动作活泼，轻巧敏健，招法独特。董数次与其较，皆败，遂拜其为师，居山苦习数载，明掌剑之法，知八卦先后天之理。艺成之后，辞师北归，一路与多人较技，竟无敌手，更知所学并非寻常。归里后，因打抱不平而伤人命，净身潜入京师肃王府为太监。一次，在王府宴席间，捧茶飞跃显露其技。众问所学何门功课，董曰八卦门。从此，董于宫内授艺，宫外慕名求艺者亦愈多。董为人正直，善交往，有求必应，程廷华、尹福、刘凤春、宋长荣等均为其徒。沧县著名之大枪刘德宽，比董年长四岁，二人交往甚密，经常切磋技艺。程廷华传河间张占魁，刘、张将八卦掌传入沧境。民国十三年（1924），程之徒孙王清和应聘至北京私立求实中学教授八卦掌，沧县（今沧州市）宋锡琦受教于此。

在八卦掌学说中，人之身体亦分八卦。头为乾、腹为坤，肾为坎，心为离，尾闾第一节至第七节大椎为巽，颈上大椎为艮，腹左为震，腹右为兑。以身体四肢而言，腹为无极，脐为太极，两肾为两仪，两臂两腿为四象，两臂两腿各两节为八卦。两手两足共二十指，手足之拇指（趾）皆两节，共八节，其余手足十六指（趾）各三节，共四十八节，加两臂两腿八节共合为六十四节，合六十四卦，此即所谓无极生太极，太极生两仪，两仪生四象，四象生八卦，八八生六十四卦之数。八卦掌分八段六十四学。

八卦掌之套路动作具备八种形体，即狮、麟、蛇、鹤、龙、熊、凤、猴，各形又有侧重，贯穿于八卦六十四掌之中。

八卦掌以掌代拳，以走为主，动作迅速，步法轻盈，腰腿敏捷，六十四掌可以左右互换，每式亦可互相衔接，随意变换，虚实莫测。

八卦掌之手法，有接、推、按、扼、扑、托、捞、撩、带、捋、抱、勾、挂、插、拎、搬、扣、刁、挑、吊、截、劈；足法有捆、踩、绊、勾、顶、踢、蹬；步法有摆步、扣步、坐腿点足、跟步点足，上步先实后虚，有盖步、偷步、越步、横裆步、扑步、弓步、马步、半骑马步、斜步、提膝步、独立步、插步、碾步。

八卦掌有三十六歌诀四十八法诀。其演练套路，除八段六十四掌外，尚有七星杆、八卦钺、鸡爪鸳鸯钺、八卦枪、八卦刀、麟角刀等器械。

第二十九节　太　极

据史料载，太极拳始创于清初。乾隆年间，山西民间武术家王宗岳用《周子全书》阐发《易经》太极阴阳之哲理，并用以解释其拳理，著《太极拳论》，太极拳之名称始定。

太极拳创自何人，一说十四世纪武当山道士张三丰，一说十二世纪武当山丹士张三峰，一说八世纪唐代许宣平，实据皆难查。据中国武术史学家唐豪考证，太极拳最早传于河南温县陈家沟子陈氏家族，创编人为陈王廷，但仍在争辩中。

太极拳传入沧州，是在清末民初。孙玉铭、赵永福、高德春、田治华系杨氏太极传人，首先授徒于沧城，习练者甚众。同时，杨氏太极、孙氏太极、陈氏太极，以及玄门太极由京、津等地流传于沧州地区各县、市。因习练此拳者多是中老年人，以健身增寿为目的，故习练者日渐增加，今已达十万余。所练之拳法，多是中国体委推广的简化太极拳和太极剑。每日清晨，沧州市及各县、市老干部活动场所、公园、河边、村旁都聚集着习练太极拳者。

沧州人所习练的太极拳，虽非同式，各有特点，但其要领基本相同，理论无明显差异，如：静心用意，呼吸自然，中正安舒，柔和缓慢，动作弧形，圆活完整；连贯协调，动作分明，轻灵沉着，刚柔相济，静中蕴动，松稳慢匀。各家套路，对头、颈、肩、肘、腕、胸、背、腰、脊、臀、胯、腿等各部位均有具体要求。沧州籍人、上海体院教授王菊蓉，其女吴小高在美国堪萨斯州办武校，授太极拳。沧州籍人、西安体育学院高级教练徐毓茹，应邀到日本、贝宁、伊拉克、喀麦隆、几内亚等国家传授太极拳。

第三十节　通　臂

通臂拳，亦称通臂二十四式，或合一通臂拳。此拳法之单一动作，多为两臂伸屈一前一后，一左一右，或一上一下，一臂出击，另一臂反向扯带，二臂通于整体，故称通臂。

据传，清乾隆时一游僧至静海县独流镇。游僧后传五代至刘玉春、任向荣等。约于民国初年，刘知吴桥县桑园镇谢晋汾、谢晋德兄弟精苗刀术，遂以通臂之法换取谢氏苗刀之术。民国七年（1918）直隶督军曹银在保定建武术营，广招民间武士，刘玉春与沧州郭长生同入武术营，刘授郭通臂拳法和苗刀之术，郭亦受任向荣指点。从此，通臂拳法进入沧境。因郭原习劈挂拳法，回沧后，将通臂拳法授予劈挂拳传人。故沧州习劈挂拳者皆会通臂，并各取其长有所发展。民国十七年（1928）郭赴南京中央国术馆，在国考中演通臂拳获优，通臂拳法名声扬开。郭授此拳法予沧籍学员曹晏海、郭景春、高玉清等人。郭返沧后，又传其子瑞林、瑞祥及徒韩俊元等人。

通臂拳法，神形自如，动作舒展，洒落矫健，疾速多变。此拳法有 24 个单打基本招式。24 式中之每一式，在击法与击点上分上、中、下三盘。其 24 个单动作可任意组合。在组合中又分小组合和大组合，组成多趟架子多趟拳，有"千趟架子万趟拳，出来一式打不完"之说。

通臂拳之步法，分初步 24 式，原步 24 式、小 24 式、大 24 式、八步短打五种，以激绞连环步为最。此步法于进攻时可连连发动，环环相套，不给对方以喘息之机。

通臂拳法要诀为：含胸松肩头顶天，活筋舒节意自然；气沉丹田脚站地，左旋右转心要专；前进必须仍顾后，左右上下一线穿；出拳出掌招到重，当中会力链锤般；不问进退攻兼顾，洒落矫健看先鞭。

第三十一节　昆　仑

　　昆仑拳术，据传源自昆仑山，故名。其传人称传艺祖师为五台山一长老，佛号日冠。日冠之徒佛号智原，智原授徒同义，同义晚年还俗，恢复原名罗洪德。罗，易县人，受聘于冯玉祥部办武术学堂。罗力大，尤以鹰爪功为最。罗爱国之情炽盛，同冯玉祥交情甚厚。冯出国考察，罗辞职隐居，后患伤寒病去世，年90余。罗之徒萧玉玺，沧县前李寨人，自幼家贫，16岁外出谋生，至兴济遇冯玉祥部一探亲校官，携其到罗洪德所主持之武术学堂就学。萧聪明颖悟，又得名师传授，每试于八百学员中常居前十名之列，罗甚爱。三年后，留校任教官。民国二十三年（1934），萧26岁时返回家乡，在沧县自来屯、夏庄子等地授徒，后去上海，为乡人之商行作保镖，与佟忠义交往甚密。日军侵华时期，在国民军中供事。1949年后，至黑龙江省授徒传艺。1974年返乡，于前李寨村办拳社，授徒众多。曾任沧县武协副主席，1984年去世。萧之功深，弟子有卢凤柱、张维松、张革、萧英明、孙连普等。

　　拳谱对武术之源，多有叙述，对拳理器械所成之因，均有论说。其徒手套路有鸳鸯童子掌、阴阳童子腿、通艺飞行拳、罗汉拳、金刚拳、醉打八仙拳、八趟紧、茶拳等。

　　器械套路有八卦刀、茶刀、梅花刀、五虎神光剑、双头蛇、判官笔、金刚圈、护手钩、九龙转魂棍、三十六路花枪等。

　　对练套路为劈打、抱打各二趟，大板凳进枪、双头蛇进双枪、九龙棍夺枪、金刚圈进枪、双刀进枪、大刀进双枪、九路接打、单刀进枪、五人合练群羊棍等。

第三十二节　太　平

太平拳，一说其基本拳术之招式步走四门，或称步走四平，故名。一说其拳法系太平天国之太平军所集用，后传入民间，故名。

太平拳法由何人所创，何人所集，无考。据其传人称，于清同治末或光绪初年，沧县人称神力李振勃者首传于沧境。而李为沧县何乡人士，无考。时吴桥县时庄村朱文林随母改嫁至凤落李村。民国十七年（1928），朱12岁随王习太平拳法，数载艺成。因家贫，四乡卖艺维生，后返回时庄定居，并授艺于家乡。王于晚年，又收吴桥县小天罡等村一些青年为徒。因此，太平拳于沧境主要传播于吴桥县南部一带。

太平拳集多家拳术之优，故拳路之风格不一。有的动作较慢，称慢拳，为练精、气、神、力之基本功；有的急速迅猛，其招数以进攻为主，先发制人。有的则快慢结合，刚柔相济，变化多端，攻防兼备。多数套路动作，形象优美而实用价值较高。

练此拳法，讲眼似箭穿，心随眼变，拳如钢锥，脚如钢锛，掌如板斧，肘膝如钢铸，讲套路式有数，招数变无穷。

此拳法徒手套路主要有太平拳、慢拳、少林拳、行者拳、八卦拳、滚躺拳等；器械套路主要有黑虎枪、六合枪、梅花枪、对扎枪、滚躺刀、护手钩单走、梅花刀进枪、三节棍对打、梢子棍对打、三节棍进枪、空手夺刀、空手夺枪、单刀进枪等。

第三十三节　连　环

连环拳法，行拳连绵不断，走弧步圆，似环相套，环环相连，故得名。又因绵掌为此门代表拳术，亦称连环绵掌门或绵掌门。

此拳术创自何人无可详考。据现有资料载，清末民初河间县一姓罗者传于遵化县徐俊卿。徐俊卿字明德，民国初期在冀东一带，人称"金枪徐老爷""京东小八侠"。民国十年（1921）徐赴京任燕京大学国术教师。其爱生张连溪，系青县李镇人，得徐俊卿真传。张授弟子刘连俊。刘在数次比赛中，均获优秀奖。

此拳熔刚柔劲力于一炉，兼有气功，讲究"脚走弧形手练圆，刚柔相济劲连绵；招招相因连环式，意念集中法自然；练功讲求基础牢，根基不固不练拳"。行拳干净利落，潇洒文静，仪态端庄。

基本功有二：一曰吊肩；二曰十三太保功。以求达臂腿腰刚柔适度，灵敏劲足。

拳术套路有：三路绵拳、十二路弹腿、梅花掌、白猿拳、二郎拳、洪拳、套环拳等。

器械套路有：单刀、双刀、闪刀（对砍）、日光剑、月光剑、青龙剑、大小六合枪、杆（大枪）六趟、左肩枪、右肩枪、护手钩。

第三十四节　　八盘掌

八盘掌，全称阴阳八盘掌，清代曾称阴阳八卦掌。其拳技套路有八个基本拳式：夹马式、鹰翻式、穿掌式、自行式、地盘式、龙行式、猴纵式、穿林式。基本拳式称为"母式"，每一母式推演数变式，称为"子式"。其功法，分上四盘和下四盘，上四盘为出（腕）、入（肘）、退（肩）、华盖（胸）；下四盘为地（踝）、悬（膝）、空（髋）、九尾（腹）。与武友过手，称为盘掌过手。此掌法又讲万物皆分阴阳，阴阳相生相克。故命名阴阳八盘掌。

八盘掌创自何人，无实据。据传，系江南董麟梦或其上代。清道光末年，霸县魏家营李振清，青年时随舅父从事镖业。一次，其随舅父押镖至江南，闻董麟梦八盘掌技艺精绝，弃镖业，拜董为师习艺数载，练就学法与轻功，人称"燕子李"。功成后授艺家乡。后参加义和团反清，光绪二十六年（1900），他70岁，被杀，其弟子任致诚等开门授艺。任致诚，文安县北斗李村人，曾受艺于津。民国二十五年（1936），盐山县魏庄（今属海兴县）韩贵章投其学艺，后返乡授艺，已传两代。

八盘掌练功，一日无极式，亦称静夹马式，久站此式，气顺、血和、筋舒、皮健、力足，无极而生有极。上贯天先指头，中通华盖九尾，下达悬地足尖，上中下盘气通力足，周身畅快。二日有极式，亦称动夹马式。此式重练天、地、人三盘。久练之，可使天盘（头部）清气上升，浊气下降，头精目明。可使地盘（腿部）舒筋、活血、壮骨、增力。可使人盘（腰臂部）拧腰切胯扫肘，气足而发力充沛。三日九宫劲，头和腰分天先、华盖、九尾三宫，臂分出、入、退三宫，腿分地、悬、容三宫。各宫贯通，方能刚柔相济，运用自如，一宫用力，九宫备举。

　　八盘掌之招式动作，产生于八个基本拳式。每一基本拳式又各有要求。夹马式调胸之气归丹田，增周身之力；鹰翻式左右拧转，增九尾之力；穿掌式左右穿拧，活华盖以求其快，增天先、华盖清爽之力；自行式练下盘运双腿，增脚跟之力，运上盘之舒；地盘式左右旋跑增腿之力，沉丹田之气，叠地悬之劲；龙行式左右走穿翻拧，速进速退，增腰闪腾挪之快劲；猴纵式练臂出盘，阴阳旋转，增腿之提力和勾挂踢踹之力；穿林式高低左右，进退翻转，居步拧腰，以整其力。此八式之奥妙，在于千招万式变化无穷。

　　八盘掌用法歌诀云："站如泰山稳，行似猛虎惊；神出鬼没手，快比闪电灵；敌人千斤力，缩闪影无踪；欺敌来追赶，准陷八盘中。"八盘掌之术理奥妙，俱寓于上四盘和下四盘之中。上四盘之主要掌法有：缠丝转环掌、缠丝阴拿掌、缠丝阳拿掌、缠丝卡掌、缠丝斜身进学、叠阴掌、闪串掌、黏化掌、摘换掌、钩撑掌、钩撞掌、虎罩掌、虎撑掌、猫捕掌、猴纵掌、龙行蛟尾掌、阴托掌、白蛇吐芯掌、迎风穿袖掌、顺盘卡索掌、鹰翻摩身掌、闪身穿林掌、缩小雷电掌、斜身捋眉掌、左右斜身进掌、翻身进步掌、退步撩阴掌、指面问心掌、接手挫拿掌，内藏虎罩绥化绝命爪一手。另有进肘、退肘、回身肘。下四盘之主要腿法，讲截、拦、钩、挂、锛、踹、连环。前进钩腿、后退挂腿、左拦腿、后截腿、提裆踹腿、左右仙罗锛腿、随掌发腿、斜身趵莲腿、翻身踹寸腿、见腿发腿、滚腿、转腿。将此八盘之法，分清用妙，见招打招，见式打式，或用何盘，自然就去。八盘掌法之器械，首为八盘刀。此刀法以撩、扎、截、拿、劈、剁、绥、平为主。歌诀云："四尺二寸八盘刀，吊推缓扎最为高；劈败转进刀一点，敌人想退亦难逃；撩、截、拉、剪俱属点，分鬃护腿蛟龙削；参破此刀奥妙意，临阵冲锋逞英豪。"八盘枪，讲拿扎平挖全在腕，闪挪翻转在于腰。歌诀云："一杆九尺双头枪，十八兵器它为王；吊龙虎坐人难晓，摇头摆尾敌人降；缠丝转环截扎式，横拦扁卡拥挫忙；渗透此枪奥妙法，万马营中姓字香。"

第三十五节　螺　旋

螺旋拳，充满螺旋力。表现有上下螺旋，左右螺旋，倚角，斜倾等各个方向角度之螺旋力。利用螺旋力将力学原理应用于拳架中，通过螺旋变形与还原，使直面接触变为曲线斜点接触，外形动作似上下左右来回不停旋转，如同时紧时松之螺旋弹簧。

螺旋拳于 1961 年由河间籍人裘稚和所创。裘得八卦掌、形意拳传人张占魁、王芗斋真传。习武数十载，潜心研练武术，有较深造诣。更吸取先辈高人之武学理论和武术技艺，创出熔形意、太极、八卦、意拳为一炉，别具一格的螺旋拳。经其弟子在多场合演练，为专家称道。螺旋拳主要传播在天津。韩玉亭、李福深、王学林、赵开疆、于国权、刘祥瑞、郭继明等习练螺旋拳达 25 年之久。另有北京刘镜如，徐州蔡玲（女）、李健等均为佼佼者。

螺旋拳共有二路，总拳架 66 式。第一路拳架 38 式，其中有 26 式为左右重复式。第二路共 28 式，其中有 20 式为左右重复式。

螺旋拳架每一招式，对手、肘、肩、腕、膝、胯、腰、脊、颈、口、眼、头、精、气、神均要求细腻。如旋手腕，随时而转肩；旋脚腕，随膝而转胯；旋腰身，转脊背而顶颈；闭口合齿，眼亮头要灵，精敛气隐神要敏等等。

螺旋拳所含之劲力，1970 年，王芗斋之弟子敖石朋云："螺旋拳含有螺旋力、弹力、炸力、离心力、向心力、摩擦力、撞力、行力、杠杆力、相对平行力以及在某些条件下所利用的惯性动作等符合力学原理之力。"弹力一般用于化解，解脱后通过螺旋力而形成正、反弹力，由此达到进击而出现炸力，亦即"寸劲"。其力可透脊背，起到小胜大，弱胜强，"四两拨千斤"之作用。其余之力，多用于以弱破强，以力小胜力大之功用，许多均被武术专家视为绝方秘宝。尤为奇特的是，螺旋拳中各种劲道都是在运动中不停留、不间断之情况下所发出。

螺旋拳特别强调练习时的呼吸配合，肩肘腕胯膝之放松，头眼手腰腿之神活精灵，要求全身各部位肌群积极协调配合。故习练者全身大小骨骼及关节都相应不停地旋转、变形、还原。因此该拳对身患关节炎症以及心脏病、胃病者无异灵丹妙药。

螺旋拳演练起来潇洒漂亮，动作舒展大方，起伏展转，对比幅度大。对意念、神态要求较多，既有健体、技击实用价值，又有观赏、养生等美学价值。

另，螺旋拳独门器械"螺旋鸳鸯轮"（又名螺旋五行轮），是习练螺旋拳精熟后方可习练之器械。鸳鸯五行轮小巧玲珑，动作潇洒美观，使螺旋拳更具威力，并更适于防身对练，表演。

第三十六节　无　极

无极，取拳法高奥，无穷尽之意。其拳诀云："无极本无拳，形迹是根源。"故此拳初为拟形而生。据《天津市武术拳械录》载："无极拳谱称，为张三丰组编，系天津拳术之一门，远者无可稽考。清道光年间，蔡金堂自山东来津，传于东南城角王玉珍。王日夜苦练八载艺成，再传徐永庆。徐传高凯庭，苦练十余载尽得无极之三味。"据口碑资料称，清时，天津习无极拳者有人称拉杆王者，在北京同太极拳师杨露禅较大枪之艺，破杨氏一招，故无极拳名声大振。后经王等开门授徒，此门拳法得以兴盛。王之徒王真、赵永胜，徐之徒高玉海、白云鹏等人悉心传授，现此拳已远播东北及唐山等地，传人尤以津门为多。

白云鹏（1881—1969）字应元，天津东沽小梁村人。早年在北京比武，以劈手罗汉拳获"十三太保"之称。后又在南京比武，表演轻功达摩过江，被誉为"活达摩"。

白传张恩发，张传青县齐营村刘文胜，此拳法始入沧境。刘在天津港务局作海员，得遇张从学之，并得白云鹏点授。刘授艺于青县一带。

无极拳术含无极一反二十八手，又名一反二十八式和劈手罗汉拳。后白云鹏在原无极拳基础之上，集功力、形意、太极之妙，取形意之形、运太极之气、发功力之力，创编一套三手拳，又名三手罗汉拳，成为本门的特有拳术。

器械套路有：达摩剑、盘丝剑（正负两趟，共 108 式）、三手刀、子龙枪、四门枪。

基本功以板桩与抖杆子为主。

无极拳技击讲究"生克制化"，亦即先发制人，在对手想动而未动之时发招取胜。

第三十七节　　游身连环八卦掌

游身连环八卦掌，系八卦掌在发展过程中，逐渐形成的一个流派。习练此掌法者，伸双掌游走，穿缠敌身，游走如龙，连环技击，故而得名。盐山县毕孟村（今属黄骅市）张福海自津受艺于周玉祥之徒高义胜。张将此拳传回沧州。其徒邓松涛、贾寿令、杨继武、温仲石等广为传播。

游身连环八卦掌，长于技击，擅于养身，其攻防技巧，有独到之处。其套路有先天八卦和后天八卦之分。先天八卦源于八卦学说，足踏八个方位，巧运弧圆，走翻拧转，有八个变换掌法。其名称为：蛇形顺式掌、龙形穿手掌、回身打虎掌、燕翻盖手掌、拧身探马掌、翻身臂插掌、转身反臂掌、停身搬扣掌。其运动形式，以圆为法，凝神静走，俗称"转掌"。转行中变换方向，称"换掌"，换掌之式有三：单换掌、双换掌、乌龙摆尾。其运动特点为：一走、二视、三坐、四翻。先天八卦系基础功，乃桩法、掌法、腿法、腰身法之综合。此功系练八卦掌之基础，又具健体之作用。多人之体会为：蛇形顺式去心火，龙形穿手理三焦；回身打虎舒肝肺，燕翻盖手固肾腰；转身反臂增力气，拧身探马脾胃调；翻身臂插筋骨强，停身搬扣诸病消。

转掌之要领：项要拧、头顶悬、垂臂提肛；肩要沉、肘要坠、气沉丹田；舌上舔，眼相随，掌翻趾扣；指对肘，肘对心，筋松神凝；臂要开，膝要抱，曲要腿。

后天八卦由先天八卦发展而来。每转掌生八式，计六十四掌法。每掌各有其用，乃攻防之技巧。每掌又可拆为六手，共三百八十四手，均含实战用法。

八卦掌之招数，讲"相生相克，阴阳动静变化"。生者为发，克者为卸；发手为阳，起脚为阴，闭门紧守为静，沾连粘随为变，闪转吸躲为化。

游身连环八卦掌劲力之特点，刚柔相济，刚而不滞，柔而不散，里裹外开，上穿下立为四正刚力；里合外拨，上沾下拦为四隅柔力。其手法为：抓、捋、领、带、堵、支、捞、托。其步法讲起落进退，反侧收纵，封闭闪展，走穿拧翻，以腰为轴，能进须能退，能生尤能化。

其器械套路有八卦刀、八卦大枪、八卦剑、八卦钺、八卦棍等。

第三十八节　华　山

华山拳，为我国武术五大支柱之一。早年有少林、武当、华山、峨嵋，昆仑铸成中华武术之说。华山，乃西岳华山，多代为弃俗世者修身之地。他等多年习练，集成独特之养性、健身、防身之术，并以此山为名，称华山拳。

据传，古时华山有一道士，法号慧智，晚年离华山云游天下，途经胞妹家，妹婿陈姓。得知其妹老来得子，喜出望外，又见其甥聪明伶俐，知礼仪，便授以术，为时七年。临别归山，方告之所授之术乃华山拳。又告之：一则家传而不外传；二则不与官为伍；三则练武强身而不称雄害命。故陈姓后人多铭记祖师教诲，不求功名利禄，不轻易外传。与人较技，轻易不置人于死地。

青县城关（今青州镇）周永良，又名周小龙，8岁习武，久练不辍。1974年，年方16，在沧州化肥厂做临时工，看管厂内火车站台货物。每日清晨和工余时均刻苦习练。当时，正在化肥厂从事建筑任务的中国化学工程总公司第十三建设公司老工人陈凤岐，所居工棚离周练武处很近，常见周练武。一日，陈含笑对周说，他练之拳多有错处。周知遇行家里手，称陈为师，欲求授艺。陈含笑拒绝，声称不明武术底里。周却痴心求教，每日同陈夫妇同地进餐，陈家中许多劳务周代为操作。逢年过节，周必备礼品相赠。但陈仍敛口收其为徒。一日，暑气熏蒸，陈午睡醒后，其妻对他说："小龙为你扇了一晌午扇子，快把那点玩意儿教给孩子吧。"陈为周之情感所动，告诉周，他系陕西省人，是华山拳之传人。并诉说本门拳法不外传之家规。见周心诚意实，才打破家规，授周以华山拳，为时三载。

周习练华山拳，严遵师命，轻不外传。除与原习武之师弟刘连俊教习外，并收徒传艺。周曾取得1984年沧州地区武术运动会成年组拳术第一名，器械第二名。

华山拳的基本拳术有十二路华山拳，综合运用十二路拳，华山徒手防护要法，阴阳返转九字真经擒拿变幻法。

华山拳注重头、肩、背、臂、肘、拳、爪、掌、臀、腿、膝、脚十二个部位之基本功练习。内含三十二术，七十二法，六十二功。练习华山拳，讲求按十二时辰，及人身气血运行之规律，进行某路及身体部位练习。拳谱云：练拳如顺水行舟，一泻千里，而忌蛮武伤气、伤血、伤身。

擒拿法步行道家之太极图。正三十六手，反三十六手，共七十二把。

华山拳讲求用寸劲，提内劲，运内功，使内力击人。

第五章　拳　械

第一节　闯王刀

闯王刀（五十三刀），相传此刀术系明末闯王李自成农民起义军实用刀法，故名闯王刀。当时，因讳"闯王"，遂改称五十三刀。又因刀法中有"九路对闯"，也称闯刀。

清顺治二年（1645），李自成在湖北通山九宫山被地主武装杀害后，农民起义军逐渐失败。此时，有老夫妇流落沧县（今沧州市）运河西旱市庙，隐姓埋名，留居庙中，男卖水女捡柴维生。因庙内无僧，少香火，庙产归王氏财主经管。王氏之王堂、王金兄弟二人皆喜武，庙院即为习武场。一年后某一日晨，老妇见王金练拳，端一盆水出屋，高喊："快闪开！"即将水泼出，王金闻声急退，而水皆泼至身上。王欲急，老妇赔礼。王责之，老妇怪王乃练武之人却不能躲水。王急，责老妇有恩不报，反耻笑之。老妇曰："请二少东也以一盆水泼我如何？"老妇立于阶上，王倾盆泼之，只见水泼于阶上，老妇已纵身坐于正殿之檐。王正在目瞪口呆，忽听背后有人叫"好！"此人乃王堂。二人叩拜老妇，口称"师娘在上，怪弟子有眼不识泰山。"老妇劝起二兄弟，二人知老夫妇非等闲之辈，中午，携酒肴饭菜至庙中，跪于殿前，诚心拜师求艺，誓曰奉老师和师娘如父母，活养死葬。并说，二老背井离乡来沧，必有难言之苦，弟子不敢多问，后遇天大之事由弟子承担，赴汤蹈火在所不辞。二老说，往事不堪回首，不述也罢。活有衣食，死后黄土盖身，别无他求。又说，贤昆仲心地忠厚，肝胆照人，当倾囊传艺。老夫妇所用之刀，背厚刃薄，身宽，柄长，全刀长三尺五寸。二老演练，刀招迅猛，吃硬吞长，马上步下和单双手之劈、挂、削、剁、扎、钩、刺、撩、抹、横，以及擒拿术，变化多端，招招实用。王氏二兄弟惊叹日，其乃刀中之魁耳。从此，二人苦练，得此刀法之真谛。二老临终前，才称原系李自成之部将。老夫姓秦，未表名字。

王堂、王金授徒沧县大白头村杨德符、杨德清、杨德玉，郝家庄李春魁，曹家庄孙绍文，大圈子还俗僧人王效仁。他等授杨积善、杨清池、杨佩玺、李凤山、李霖春、孙捷三等。他等又传杨汝立、杨乐山等多人。下一代习练者更多。闯王刀至今已传七代。

演练闯王刀，多斜身拗步。进、退、虚、实，变换灵活，上下左右连环无空，敏捷力狠，观者惊心。

闯王刀以技击实践为中心，编排套路结构严谨，布局匀称，运动清晰，招数奇特，手法惊异，步法多变，美无花架，实而不华，马上步下均适用。攻如猛虎下山，具迅雷不及掩耳之势，防时稳如泰山，伺机相还。临阵应用，以攻为主，先发制人。其特点是猛、快、巧、准。

其招法，闯王刀乃一种刀术，习练此刀必有一定之基本功。沧州人习练此刀法功深者，皆有习练各门拳术之功底。闯王刀之谱，以 108 句歌诀述明五十三刀之各招式。其多数歌诀中，既有招式，又有用法，便于习练者明其意，通其理，练其功，握其技。根据实际经验，汇有"九路对闯"，此乃闯王刀法之精华。

闯王刀的应用要诀，其速度讲三快：手快、步快、身快。灵活讲三活：手活、步活、身活。顾盼讲三顾：攻前顾后、攻左顾右、攻上顾下。战术讲三定：定方位、定攻点、定主择。

第二节　杨家枪

　　杨家枪，戚继光《纪效新书》载："枪法之传，始于杨氏，谓之曰梨花，天下咸尚之，推崇备至。"何良臣《阵纪》载："马家枪，沙家竿子，李家短枪，各有其妙。长短能兼用，虚实尽其宜，锐不可当，速退不能及。而天下无敌者，惟杨家梨花枪法也。"而杨家枪何人所创，创自何时，无据可考。清康熙时，山东牟平县马某与戚继光同乡，向戚家军内杨家枪传人习得此枪法。某年马至献县访友未遇，时逢献县发生一大盗案，县衙差役视马非本地人，将马逮捕入狱。因无证据，县令令其取保释放。北街崔某，磨面炸油条为生，为人慈善，将马保释，留居养伤。马见崔喜武，伤愈后，为报崔恩，将杨家枪法皆授之。崔传本县田庄刘安，刘传本县杨家庄杨福寿，杨传本县砖瓦窑村杜清泉，杜传本村杨月波，杨传县城冯广友、郭建立，并授艺于天津塘沽，塘沽武林界称杨月波为"大枪杨"。

　　杨家枪法之特点，《纪效新书》曰："杨家之法，手执枪根，出枪甚长，且有虚实，有奇正；有虚虚实实，有奇奇正正；进其锐，退其速，其势险，其节短，不动如山，动如雷震。"故曰："二十年梨花枪，天下无敌手，信其然乎。"最绝妙之招是"在一得手后便一戳，如转圆石于万仞之山，再无住歇，彼虽习艺，胜我几倍，也不用怕。""他一失势便无再复之隙。"戚继光授此枪法予戚军将士，收效甚佳。

　　杨家枪法用在两足，身随其足，臂随其身，腕随其臂，合而为一，周身成一整劲。

　　杨家枪之基本套路，单练有常合枪 32 式，对练有 24 式，八母枪、六合枪、散扎拔萃等。

第三节 飞虎拳

飞虎拳，属于何门，何人所创，创于何时，因何而名，均无考。

飞虎拳于清乾隆八年（1743）传入沧境。此时，北京门头沟飞虎拳师张光远迁至南皮县，定居于大丈二桥村，收该村张贵春和董村顾宝庆为徒，授艺数载。张、顾称张光远为第一代传人，至今已传七代。南皮县东南部习此拳者数百人。清末民初，各代之代表人物有张贵春、顾宝庆、张宝琴、顾林杰、孟希岗、顾孝枝（女）、顾孝梅（女）等。张宝琴授艺于辽宁，从习者众多。

飞虎拳动作大方，招式迅猛，刚柔相济，以刚为主，注重实战，先发制人。演练时，行似疾风，站如钢钉；动似蛟龙出水，停若虎卧石崖。其要领为：手是流星，胳膊是线，身似蛇形脚如钻。飞虎拳之技击，重用腿法，有"手占三分腿占七"之说。其腿法有：开门腿、跪踹脚、撩阴脚、窝心脚、挂耳脚、尖弹脚、连环腿、阴阳童子腿。其功法讲究上中下三盘协调一致。上盘用挑、撩、锁、扣、开、封、接、拿；中盘用吞、吐、开、合，闪、展、腾、挪；下盘用踢、弹、扫、挂、踹、提。飞虎拳之招式，均具擒拿和散手之术，其擒拿术有：小缠、大缠、抱拿、千斤坠、提腰缠、白马滚蹄、外掰骨、剪腕、携肘、霸王摘盔、顺手牵羊、霸王送客、顺风推舟、浪里擒蛟、锁手进门。其散手法有：顺风扫叶、劈掌、点掌、按掌、闷心掌、拐子手、转环掌、撩阴掌、翻背掌、搜肚掌、黑虎掏心、白猿出洞、冲天炮、窝心锤。

拳法的基本功讲究全面，除手、掌、肘、臂、肩、腰、胯、腿、膝、脚以外，十分注重眼通心神，心通各部，眼疾手快，攻破有术。

此拳之招数，可组成可长可短之演练套路。

第四节　阴手枪

阴手枪，其持枪方法，前后手虎口相对，手心向下，手背向上，故名。枪之长度，因人之身高而异，一般七尺左右。枪的前端曰枪，后端曰棒，枪棒互用，三盘齐攻，俗称铁扫帚。

据传，阴手枪创自明代，系李家短枪、孙家阴手棍与少林棍法相结合之产物。阴手枪传入沧境，约在清嘉庆年间。当时有一化缘包姓和尚至高阳边家务村，一称赵贤之富户将其接至家中，留居八年，得阴手枪真谛。赵传本村李占奎。李占奎聪颖苦练，枪法精，曾在天津港树旗授徒，有名气。

肃宁县北白寺村尹春长，有田十亩，并不富裕，却被盗寇抢掠一空。尹立志自练拳脚以制盗寇。父见其刻苦志坚，遂请李占奎为其师。李见尹家为人忠厚，教以拳术。三年后，尹在野外练拳，李路过此地，见尹功法大进，而枪法却是慢动作的"老骨庄"。自己认为已年迈，应将阴手枪之精髓授予后代，又认为尹春长为人正直，遂遵师祖之规，择徒授法，宁少毋滥，选尹春长为徒授其全技，并再嘱其不可外传，传三世未出一村，每世一二人。第四世尹炳武，系肃宁县体委武术教练，国家一级武术裁判，他冲破师训，视阴手枪为祖国宝贵文化遗产，努力传播。

阴手枪疾如暴风骤雨。枪里加棒，枪棒相合；枪不离棒，棒不离枪；以枪引力，以力引枪；枪随力走，棒响枪去；力随枪转，灵活多变；忽阴忽阳，忽左忽右；忽使棒打，忽用枪扎；虚虚实实，迷人耳目，"人不知我，我独知人"。使对方顾前不能顾后，顾左不能顾右。此乃阴手枪指东打西，指上打下，招式无定，妙不可测之独特击法。

阴手枪之套路，有单练亦有对练。单练套路有：春秋枪三趟、五虎断门枪、金锁连环枪、八卦连环枪。对练套路有：捕子枪和挑子枪。其枪有十八枪法：搬、摆、挡、挫、勾、挂、摧、挑、崩、扒、滑、拿、劈、打、砸、盖、乱、扎，互相变换。此外，尚有十七种看家枪法，十三种倒把，三十六路逃枪法，三支出手法。

第五节　昆吾剑

"昆吾"乃古代宝剑之名。昆吾剑创于何时失考。周穆王伐昆戎，昆戎献昆吾之剑。《列子》载："银锴炼钢可以切玉。"可见昆吾剑之历史久远与珍贵。

昆吾剑法传入沧州，约于清嘉庆末年或道光初年。此时有一南方刘姓武士慕名到沧县军马站村访戴三，欲较艺，仅观招法，非争上下。戴之剑方出手即败，弃剑拜刘为师，获昆吾剑法。此后戴始授剑法，习者甚多。功著者有刘振祥、刘德宽等。刘德宽传吴俊山，吴于中央国术馆传张骧伍，刘德宽晚年于北京传李子鸣。民国十八年（1929），姜容樵于上海尚武进德会著《昆吾剑》，剑式歌54句，动作图73幅。

刘振祥传李凌霄。民国十八年（1929），李应聘为河北省立沧县二中（今沧州市一中）武术教师，授昆吾剑法和功力拳法。故沧人习功力拳者多善昆吾剑法。1963年，沧州籍之西安市武协副主席徐雨辰之女徐毓茹，代表陕西省武术队于上海参加全国武术比赛，表演昆吾剑，获剑术第二名。此后，昆吾剑法便传至北京、上海、南京、西安等地。

先民视昆吾剑法为上乘，授剑与习剑必依"昆吾剑箴言"之十条行事。箴言为：①剑术自古所传不一，而昆吾剑法最为上乘，学者不可视为寻常；②剑器可伴琴出，非寻常武器可比，爱之者须于洁净处藏之；③剑唯三家所传：儒家、道家、将家是也；④此剑十不传：人品不端者不传，不忠不孝者不传，无恒志者不传，不知珍重者不传，文武不就者不传，借此求财者不传，俗乏入骨者不传，市井之人不传，拳脚行不传，心术不正者不传。其目的，恐玷昆吾之高尚；⑤剑有五戒：戒自矜，戒务名，戒好与人争胜，戒好杀，戒目空一世；⑥可传之人不传失人，不可传之人而传失剑。如人认不真，宁失人不失剑；⑦传剑先择人，亦须择地，浊乱之处虽有可传之人，恐其操练不坚，剑为恶人所得，贻害不浅；⑧学者须缜密，绝不可于广众之中轻易玄弄，以博美名，恐恶人见爱，求之不得，反而结怨；⑨此剑乃世之罕有，始为人甚慕，倘遇不得真传自鸣得意者，任其狂悖，不必与之争辩；⑩既得真传，又须涵养性情，倘无知之徒妄加讥贬，只可任其胡述，不必与之较量。

昆吾剑法原为 120 式，分为前后两部。李凌霄择其精华改为 77 式，著《昆吾剑》为教材。此剑法虽仅 77 式，而攻防之技俱备，要领明确。其剑法之招数为：托、抹、捧、点、卷、刁、挂、折、刺、钻。剑歌曰："昆吾剑自古传；全凭十字为主言：托抹捧，共点卷；寒光射，耀人眼；运动剑，上下翻；论招法，妙无边；刁挂折，与刺钻；左右攻，似闪电；上剑卷，中剑缠，下剑折，内有圈；用托抹，要沾转；论身法，要灵便，斜身拗步得占先；有轻重，有长短，纸上谈兵是虚言；要学剑，得真传，口传心授功自练。"

昆吾剑法行剑路线，旋转连绵，无蹩脚之处。各定式之间，含上中下三招。77 式有重名，重名不重式，重式亦不重招。

第六节　太师鞭

太师鞭，又称太师虎尾钢鞭或太师十三鞭。据传，商代闻太师，唐代尉迟敬德曾用此鞭，故名太师鞭。

太师鞭约于清光绪初年传入沧境。盐山县刘九如先得此鞭法。刘之业师无从考查。刘传沧县六十六村（今属黄骅市）张仙岛。张以此鞭法换取沧县李霖春青萍剑术，太师鞭法由此进入沧城。李传姜容樵、刘俊岭、陈子恒、陈凤岐、于得印、李书亭等。他等广为传艺。秘宗门传人习此艺者甚多。

太师鞭长三尺许，粗似鸭蛋，鞭身以圆球形或方棱形组合。一头尖、曰梢、一头圆、曰樽；两头皆有柄。普通鞭用枣木、檀木制成，战时鞭以钢铸之。

太师鞭力大鞭重，招法猛烈，有"鞭锤之将不可力敌"和"依力降十会"之谚。太师鞭演练，鞭行风吼，速而不乱，进招有方，破招有术。

太师鞭用法，有二十字歌：撩、拈、搜、刺、点，斜、退、转、旋、蹿、左、右、上、中、下，提、绷、腰、横、拦。其鞭法之基础为十三鞭：①第一鞭雄狮探爪；②高鹏鞭指天化日；③地拉鞭左右翻悬；④握搅鞭双龙开道；⑤背手鞭黑虎归山；⑥玉驹鞭赶山填海；⑦金鸡鞭上蹦下拦；⑧提炉鞭扫上翻下；⑨握云鞭左右盘山；⑩定海鞭猪龙拱地；⑪单凤鞭云烟盖顶；⑫齐门鞭追风赶日；⑬迎风鞭怪蟒蹿山。

太师鞭歌诀："太师神鞭虎尾樽，怀抱太极镇乾坤；藏鞭埋伏单腿立，黑虎入洞肋下存；白蛇吐芯鞭尾刺，射身埋伏向左门；苏秦背剑鞭赶日，托鞭救主马步蹲；卧身宛似虎入洞，悬摔虎尾不留情；独立埋伏左腿起，抚虎听风脐部存；悬身埋伏龙摆尾，横身回首占中门；拨草寻蛇藏玄妙，连环直攒神鬼身；灵猫扑鼠左腿跪，背鞭高举身后存；疯魔扫秦怀抱月，白鹤别翅并腿蹲；黄龙出水左膝外，卧虎翻身向斜行；捧鞭埋伏龙探爪，脑后积筋惊鬼神；仙人指路拨云日，两者之中毫厘分；地龙埋伏起点腿，凤凰点头向前行；狮子崩尾并足立，飞燕抄水旋扣行；风火双轮分前后，马后催鞭共绝言；指南伏塔皆连贯，拜佛取宝两边存；神判降妖左足起，归本还原要分明。"此太师鞭66式。

太师水磨鞭歌诀："左右逢源处处宜，藏鞭悬龙待见之；黑虎入洞高捧举，偷步低掣可惊鲸，怀抱琵琶鹏别翅，左右鸡步帘倒垂；乌龙入洞抄落雁，猛虎回头顺风旗；丹凤朝阳打削式，顺水推舟前纵齐；野马回乡随举伞，原属后烘敌不支；天马列空捉猛虎，雪拥蓝天卧脚移；猴儿入洞多玄妙，玉女穿梭怀中提；挖心直撑龙探海，脑后一鞭神鬼疑；举鞭逐日多注意，顺步朝阳更出奇；黄龙卧道千军扫，混元一气连环宜；黄莺穿柳似织梭，唯有定势稍差迟；黑虎探穴龙出水，飞虎银龙倒挂尾；神判降妖鞭莫语，归本还原理莫违。"此太师水磨鞭42 式。

太师鞭法入沧后，李霖春等又创编鞭枪大战，亦称鞭进枪。其歌诀为："画地为阵为开门，管鲍分金次第存；卧虎伸腰精力足，金鸡独立保真之；五云捧日气向上，顺水投井技独尊；回马看花迅无比，拨雾寻径举足起；翻手摘果见本能，指月高升从此招；顺水推舟敌莫挡，金盘承露向前视；侧身取宝贵神速，五虎拦门退敌身；怀中抱月形神气，外闭鸿门谁遁马；搅海寻珠神烛照，丹凤朝阳勇无前；抛云挤日何矫捷，走马回头视此鞭；马后挥鞭好身手，回扫金光飘欲仙；听风独立宜静穆，推山填海欲回天；偷渡寒江尤奥妙，苏堤折柳必争先；泰山压顶猴入洞，卧龙探爪向前送；独占鳌头神鬼惊，举鞭逐日天无缝；饿虎扑食神暗藏，外守关山气飞扬；番王进宝为机变，懒鹤独立何苍茫；列阵待敌为守势，封金挂印莫张惶；猛虎出塔神变化，丹凤别翅有低昂；拧身翻之进覆雨，马上封侯敌难防；顺水投井回马看，此中姿势异前方；撩拨取胜操左券，磕碰御敌鞭法良；斜摘金花能制胜，退守三关慎莫忘。"此鞭枪大战 60 式。

第七节　青萍剑

青萍剑法之命名，原因有二：其一，古人往往为优质宝剑赋以高雅别致之名称，以别于一般剑器。东汉陈琳《答东阿王笺》云："君侯体高世之材，秉青萍，干将之器。"唐李白《与韩荆州书》云："庶青萍、结绿，长价于薛、卞之门。"陈、李所提"青萍",皆指优质名剑。据传,青萍剑能切金玉,断毛发·犀利无比。青萍剑法借此命名,取其剑质精锐,所向披靡之意。其二,青萍乃浮萍之一,它寄身于粼粼碧波之上,荡漾于阵阵清风之中,来去飘忽,沉浮不定,无拘无束,高傲自许,呈现潇洒坦荡气魄,给人以清高脱俗之感,青萍剑法借此命名,取其洒脱活跃,姿势优美之意。

青萍剑法,首传于江西龙虎山天师府老法官、全真道人潘元圭。据传,潘系清代宿将,晚年归隐山林,静心修身,积一生武学之精华,更博采广撷名家剑术之长,创编青萍剑法,共为 365 式,以应周天之数。为防传非其人,定三不传戒律。其传山东沂水道人孟教华。孟传山东临邑道人冯希汤,号和玉。冯传山东海丰(今无棣)结义兄弟杨鄂林,字棣园,从此青萍剑法始入俗家。杨传沧县杨官屯(今属黄骅市)杨云桥为 175 式;传沧县齐家务(今属黄骅市)袁希振为254 式;传盐山县北韩村(今黄骅市黄骅镇)贾云鹤为 365 式。杨鄂林云游沧城,授剑法于李冠铭,并赠剑谱一套。杨云桥传沧县孙文勃、戴名人。孙授艺于沈阳。辽宁省武协副主席王庆斋、八路军胶东军区政委姜鹏、国民党陆军中将侯俊杰、康国恩均系其徒。袁希振授徒甚少。贾云鹤传贾灵泉、刘文石。贾灵泉传子贾炳辉,字耀亭。刘文石传马振祥、米连科。贾炳辉、米连科开门授徒。贾炳辉之徒除本地张树森、刘青峰、范镇林、宁芝光、刘滋茂、贾勃生等得剑法真髓外,传人涉及天津、江苏南京、阜宁、涟水、安徽蒙城、涡阳、河南南阳、邓县、方城、舞阳等地数百人。米连科于清末到民国初年,在家乡及冀、鲁、豫军政界授剑法,均有名望。其徒邱占魁、郭锡山、李德海、赵世武名扬于外。民国十七年(1928 年),米连科去南京中央国术馆授剑法,回沧后举行收徒大典,收杨宝兴、徐雨辰、李树亭为徒。李传子李志云。

青萍剑法,风格独特,全剑充满健美之感。演练起来似进犹退,轻灵转折,变化无常。时而行云流水,潇洒飘逸,忽东忽西,乍沉乍浮,犹如青萍浮动;时而风起云涌，雷厉风行，疾如闪电，矫似飞龙。行家评论青萍剑法：气势磅礴，恰似高山流瀑，长河泻波，起伏跌宕，无阻其滔滔前进之势；隆起险滩，难制其喧啸奔腾之狂。其套路内容充实，结构严谨，招中套招，式内藏式，柔中寓刚，虚中藏实，攻防交替，招不虚发，自始至终一气呵成。

青萍剑法原为 365 式，后人为便于习练，划成六段。第一段有头无尾，中四段无头无尾，后人补其头尾称为六趟。马振祥、贾炳辉又增编八式，共为373 式。

青萍剑法之招式名称，亦由三五字不等改为由四字组成。或据典故，或依形象，或取神话传说，或按哲学规律，整齐、明雅、通俗、爽朗。格式统一，理象融合。在技击中，先发后发齐用，正出奇胜并举。先发制人时，彼未动，我先动，先声夺人，彼随动，我变机，乘其仓皇之际出剑创敌。后发制人时，彼不动，我不动，彼初动，我先至，乘其初动之时进击其虚。战阵中，时而先立足于不败之地，以正道胜敌；时而入虎穴擒虎子，于万险中出奇制胜。神出鬼没，无法捉摸，乃青萍剑法之特征。

青萍剑法，套路长，变化多，难度大，要求高，习练者必持之以恒。其剑术结构，由浅入深，由简到繁。初学严于一招一式，知手、眼、身、步规律，悟心神、意念、剑法配合法则，握门路部位规则，进而领会变化莫测之法度，虚无缥缈之妙用。从形象看，似无法则，实则规矩森严。招法一定，不得丝毫疏忽，每练一式，必有所悟。逐渐达到剑与神合，剑为心声之境地，无往不胜，无坚不摧，一剑入手，豪情顿生，青萍击罢，意气风发。

青萍剑运用方法——剑断：

待敌恃其正，追敌先夺门；

莫使人拈手，起伏要分明；

欲左先攻右，欲右先左擎；

彼如正刺手，扫抹可成功；

彼用舒翼势，三贤头手攻；

彼用拦腰进，扶杖并刺胸；

彼砍左额角，挥扇妙无穷；

彼从外门砍，碧竹扫月赢；

上来用出海，下来滴露通；

彼如伏势进，卸法要精工；

双闭四门剑，诸法此为领；

彼取内一二，三贤次手攻；

彼取外一二，盘抑势精工；

澄清拖鞭势，盘地与揪龙；

柳絮随风势，一二为要峰；

彼砍内三四，连环出水赢；

外取三四寸，挥尘惊风精；

底取用拨雪，外门顿锁功；

追敌点水势，外闭鸿遇风；

细视龙跳等，势势法贯通；

如砍内五寸，遥锁扫城中；

外用山倒海，脱壳侧翅通；

待敌固有势，追法更要精；

伐挂追毬势，戏山法为总；

内有星赶月，外门垫海中；

华山内外取，皆落一二中；

能精此等剑，彼势万难伸；

法理无穷尽，功到自贯通；

莫为敌所制，使彼由我攻。

第八节　苗　刀

苗刀，古称长刀。刀长五尺，柄长一尺二寸，刀身修长而略弯。

苗刀源于我国。汉代有其雏形，唐代军中已有佩带；明清时代盛行，并有成套技法。此刀曾随中日文化交流传到日本。清末，吴桥县桑园镇谢晋汾、谢晋德兄弟得此技艺。民国初年，津南静海县独流镇刘玉春以二十四式通臂拳换取谢氏苗刀技法。民国八年（1919），刘在直隶督军曹银部任苗刀教官，沧州郭长生入曹部武术营，习得此刀法。民国十七年（1928），郭在南京中央国术馆教授苗刀。因谢氏苗刀的刀套只有一路，刘玉春授苗刀又限于集体操练，囿于一招一式，为此，郭取苗刀刀法之精华，揉进二十四式通臂之步法，编成二路苗刀。郭还与沧人孙玉铭切磋，创编苗刀进枪。郭之子瑞林、瑞祥又创二路苗刀进枪等对练套路。郭之徒韩俊元经反复钻研，又创编三路苗刀。

苗刀技艺特点突出。因刀柄较长，可单手双手并用。单手握柄可放长击远，双手握柄便于发挥腰臂之力。单双手交替握柄，可增强实战威力。苗刀具长短兵器之特长，苗刀式法精粹，雄健凌厉，步法迅捷，灵活多变，招无花招，式无虚式。速快、式精、步捷、劲脆，系其特点。

苗刀的基本刀法为：劈、砍、撩、剁、挑、截、推、刺、滑；搅、崩、点、拨、挂、缠、珞、削、窝、戳、攒。

苗刀技击，对刀法、步法、身法、眼法均有科学而严格之要求。

习苗刀法者，多有拳械之功基。其基本功训练，要求识之于始，慎之于终，恒必不懈，执执见底。要知难而进，苦而不散，苦而不沮，苦而不悲。朝习暮练，练中深悟，精益求清，方生异巧。苗刀有式有法，外以式为本，内以法为宗。式即形，法即意。习武必明其法，习形必明其意。先练三盘基础，再练步法刀法，然后上套路。习刀法，先求其正，由正求顺，由顺求活，由活求合，由合求快，快中求力，力中生巧，巧内生精，精里求妙，妙再求绝。

沧州苗刀共有三路，一路38式，二路62式，三路56式。三路又各具特色。一路深厚矫健，大劈大砍，式法精粹，疾速多变；二路起伏跌宕，左右辗转，攻防有度，运用自如；三路刚柔同寓，招变速捷，虚实并举，攻其不备。

第九节　疯魔棍

疯魔棍法，因其动作矫健敏捷，急快迅猛，棍行有声，脚底生风，使对方有眼难避，有手难挡，如疯似魔，故而得名。沧州疯魔棍法，不同于少林同名棍法。

沧州疯魔棍法由沧州郭长生、马英图二人于民国二十二年（1933）中央国术馆任教期间，共磋技艺、专心研究，集群羊棍、苗刀、左把阴手枪、死把枪、梨花棍之精华，加之揉进通背二十四式之步法创编而成。此棍法在中央国术馆颇受赞赏。以后，郭又将此混法传其子郭瑞林、郭瑞祥及徒韩俊元等。今沧城习劈挂拳者多会此棍。近年．习此棍者多人在国内比赛中夺得金牌。棍法并传播到日本。

疯魔棍法以实践技击为主旨。棍式朴实，不崇花招；动作迅猛，变化敏捷；快慢相间，攻防有度。进身走步钻、粘、连，身腰辗转如闪电。形无定式，动无虚招，此为棍法之特点。演练时，如疯似魔，使观者目不暇接，难以捉摸，确具独特风格。功深者，时而孔一线，时而扫一片，变化多端，身棍和谐，发力迅猛，开合急爆。棍法之滚、劈、拧、转，步法之进、退、趋、避，每一招数动作，无不应用于实践。

疯魔棍的长度，以高于身高二、三寸为宜；习练者，必先明确严格之步法、身法及棍法。棍法激绞连环，粘连绞织，互为子母，环环相套，走场愈走愈快，而下盘稳健。身法要求腰、胯、腿、膝、肩、肘、臂、腕贯通协调。棍法握把、移把、换把均有要领，以达吞吐、蹦跳、劈砍、撩点、云扫、圈转、揭杀等棍法运用自如之目的。

疯魔棍招式动作，除预备式和收式外，共有 58 个。每一招式又有几种用法和各用法之要领，攻防理通，制用于敌。习练疯魔棍，以有一定功底为佳，习各门类拳械者皆可吸取之。

第十节　青龙剑

青龙剑术，由王子平改编于 1960 年。此剑术之动作宛若游龙，变化奇妙，故借青龙宝剑之名，称青龙剑。

沧州多门有此剑法。王子平青年时即嗜爱剑术。他集查拳及少林、武当各系多家剑术之长，吸收西洋击剑，东洋劈剑（日本剑道）之精华，深入研究，精雕细琢，历数十载，改编青龙剑术。

青龙剑术之动作，畅快优美，每招每式，均具技击之理，贯穿中华武术"练、看、用"三结合原则。观此剑术演练有新奇之感。今国家规定第一套甲组剑术套路，即吸收了青龙剑"连环三击"等动作。

青龙剑之主要剑法，有劈、刺、截、点、撩、穿、运、崩。其套路结构，鲜明活泼，不死板固定。其招式动作，灵活运用，变幻莫测，随机应变，得心应手。连环三击、太公钓鱼、怀中抱月、青龙卧道、白鹤亮翅等动作，均具新意。王子平之女王菊蓉得其传，并发展为青龙双剑，传播于上海及美国。

第十一节　祛病延年二十式

祛病延年二十式，系王子平编创。王子平，沧州人，武艺精湛，力大过人，有"神力千斤王"之称。他精骨伤科，对经络学说有较深研究。为常人健身，病人康复，1960 年前后，经过反复修改，并经多次临床实践，创编祛病延年二十式，流传国内外。王子平之婿、上海市骨伤科教授吴诚德多年应用于临床，收效良好。

病患者练此二十式，有七项要求：一要保持乐观，树立战胜疾病之信心；二要持之以恒；三要根据病伤情况选择动作，由少到多；四要掌握动中求静的精神，呼吸均匀自然；五要坚持每日早晚各练半小时至一小时；六要选择空气洁净场所；七要注意饮食有节，劳逸适度。

祛病延年二十式名为：①山海朝真；②幼鸟受食；③大鹏压嗉；④左右开弓；⑤双手举鼎；⑥摘星换斗；⑦前伸探海；⑧回头望月；⑨风摆荷叶；⑩转腰推碑；⑪掌插华山；⑫白马分鬃；⑬凤凰顺翅；⑭巧匠拉钻；⑮云手转体；⑯左右下伏；⑰白鹤转膝；⑱屈膝下蹲；⑲四面摆踢；⑳虚实换步。

第十二节　拂尘剑

拂尘剑，系沧州籍人卢振铎所创。卢振铎精秘宗拳法及青萍剑、武当剑法。他甚喜钻研，听说以前有一道姑，缚极细之钢丝制成拂尘，既可弹除尘灰，又可作为兵器，软硬兼施，专攻敌之面部。于是他寻来马尾做拂尘试之，深受启发。遂取青萍剑、武当剑及多种剑法之精华，取拂尘之特点，创编套路。习练者，左手持拂尘，右手持剑，故取其名曰拂尘剑。

拂尘剑法动作优美，变化多样，犹如蛟龙戏水，又似闪电掠云，快慢相辅，刚柔相济。习练者可运动各部关节，男女老幼皆宜。技击时，以拂尘模糊对方视线，以剑击其身躯，易制胜于敌。

拂尘剑之招法，拂尘有惮、甩、抛、缠、云、扫；剑有点、刺、崩、撩、云、扫、抹、劈、挂。习练此剑，重讲身法，身法又重腰法灵活。全套剑法 70 余式，每式均为多种剑法之精招，拂尘相应配合，皆具健身及技击之科学道理。招式名称，均取典故或成语：如苏秦背剑，拂扫星尘，飞燕穿林；童子拜佛等，既形象又易记。1970 年以后多次于上海表演，深受武术界和戏剧界推崇，更受中老年人爱戴，求艺者甚众。1981 年卢振铎在上海病逝，其子卢俊海继父业传播于沪。

第十三节　天然智通拳

天然智通拳，为泊头市许智明（大成拳名家王芗斋赐名余生）应王芗斋嘱托而编创。斯术使灵感与自然达到和谐统一而谓之"通"，故名天然智通拳。

许之父许天元，清末民初时从戎。曾从师郭云深习形意拳，又从师黄广祥习少林拳，同王芗斋交谊甚厚。宣统年间，于云贵客遇司空氏，得心灵、洗髓二法。许智明自幼从父习武，又得王芗斋传授大成拳。青年时，于津随邓鸿藻习通臂拳，兼习太极拳、八卦掌和拳击等术。

天然智通拳具技击与养生之特性，必内外兼修，训练心理与肢体，使心理与肢体各器官机能以至细胞代谢之协调，无不及之处，自身与外界达到高度统一，使之既具技击之力，又有延年益寿之功。此拳法，取太极之定法，形意之直法，八卦之变法，通臂之柔法，南拳之活法，少林之迅法，武当之奇法，以及其他拳学之妙法，并吸取国外长于技击之负重、柔韧、弹跳、耐力、速度、条件反射等科学劲力糅合于一体，以天体旋转绕行之法则，注重肢体（生理）影响心理，心理反射生理（肢体），达到自身有效控制外界之本能。

此拳之劲力，首要心理与肢体互相稳定，即有效把握自身重心在非常状态下，不断调整使之平衡，求得与外界产生作用力与反作用力（杠杆力）。如离心力、向心力、曲线力、螺旋力、滚动力、摩擦力、冲撞力、分力、合力等，均由作用力与反作用力所派生。其力了然，可达胆气放纵，功力纯笃。动时可发挥己身之最高特能，以一变应万变；静则可以养生，以颐生年。

此拳修习有八法：静桩、动桩、行桩、发放、气息鼓、冷兵、条件反射、实战胆能。其技击，具备强变功力、技术，运用方式、战机、智勇、胆能、兵法战策及无生无灭之心态。如达目的，始可得心应手悟技击之妙，可勿用规定套路训练学员。

许曾应聘于泊头市中医院任气功按摩师，现任泊头市武协副秘书长。1990年，许成立天然智通拳武学会，将借鉴中外武学理论及科学训练手段，变革以往技击功法训练常规，注重理论与实践结合发展此术。现从习者多人，学员以刘广华和许之女儿灵荟、灵莘等为佳。

第六章　沧州武术名人

数百年来，沧州武林精英荟萃，豪侠云集，名人辈出。沧州城乡"拳涛滚滚，武健泱泱"。抵抗列强，驱寇保国，传德授艺，更有名师高手在中华武术史上留下精彩华章：爱国武术家霍元甲首创精武会，打败日本武士；国民党陆军上将张之江力倡强种救国，出任中央国术馆长，沧州籍拳师任教者达 52 人；"千斤王"王子平屡胜外国大力士；武杰佟忠义疾恶如仇辞官为民，还有丁发祥、王正谊（大刀王五）、李凤山（燕子李三）等名师豪杰，既为沧州武林赢得威名，又为御侮镇邪、弘扬国威、光大中华武术做出突出贡献，被誉为武林师表和民族骄傲。以下列举的武术名人均为近现代，当代的武术名家未纳入其中还有的武术家当之无愧算名人，但事迹与重大武术事件相关，归类到了沧州武术事件中，

第一节　　"国术馆之父"张之江

张之江，字子姜，沧州市盐山县留老人庄（今属黄骅市）人。

张之江幼年上私塾，并习练武术，18 岁应童子试，先后毕业于东三省讲武堂、国民政府陆军大学将官班。参加北京政变，在京郊南口大战中，任国民军总司令，缴讨军阀，配合了北伐胜利进军。

张之江非常重视武术，规定凡西北军均须通过练拳、劈刀、刺枪、体操四项主要科目。1927 年，张之江任国民政府委员，全身心投入倡导国术运动，筹办国术研究馆。

1928年，国术研究馆易名中央国术馆，教学强调泛学博通，要求学生广学各门派拳种之精华，练打兼能。武术被纳入了现代教育的范畴，促使武术向着科学化与规范化的方向演进，使传统武术开始了适应现代社会的变化过程。

1933年，由中央国术馆主办国术国考，这次考试项目中正式增加了"搏击"项目，并鼓励女性习武。1933年和1936年，中央国术馆两次率团分赴广东、广西、福建以及香港地区以及新加坡、印尼等国家做了65场武术表演，对武术的宣传卓有成效。

中央国术馆的教学赋予武术以强烈的爱国主义内涵，明确提出"健身强种，自卫卫国""明耻教战，强种御侮"，吸引并培养了大批热血青年和爱国华侨学生。在抗日将领宋哲元、张自忠、傅作义、孙连仲等的部队，都有该馆毕业生担任武术教官，并建立大刀队，痛杀日寇。中央国术馆培养的武术人才，成为以后武术界的中流砥柱。

第二节　大侠霍元甲

20多年前，一部电视连续剧《大侠霍元甲》风靡全国。《万里长城永不倒》的曲调一出，万人空巷，妇孺皆迷。20多年后，李连杰主演的《霍元甲》，把20年前那个传奇、那种情愫以及中国武林人物的民族气节，重新呈现在人们面前。霍元甲的民族气节，武术造诣，感动了无数人。

大侠霍元甲（1869—1910年），字俊卿，祖籍沧州东光安乐屯，世居天津静海小南河村。父亲霍恩第以保镖为业，因霍恩第的秘宗拳出神入化，所以很多大商人都求他做保镖。霍恩第只保穷苦百姓、清白之人，决不保贪官污吏。霍恩第有三子，元甲排行第二。据说霍元甲幼年体弱，父亲霍恩第不让他习武，可是霍元甲暗中练习。元甲天资聪颖，毅力惊人，功艺在兄弟之中出类超群。父见此，就悉心传艺于他。后元甲以武会友，融合各家之长，自创"迷踪拳"，使祖传拳艺达到了新的高峰。

1890 年，霍元甲与河南拳师杜某比武并获胜，在乡镇上扬名。1895 年后，遭天津黑社会围攻，霍元甲用扁担打走了十多个持械者，又因单肩担走千斤药，一脚踢开青石碾子，被时人称为"霍大力士"。

他曾有过一次与英国大力士奥皮音对阵的经历——据传双方并没有实际交手，却吓跑了外国大力士。

当西洋大力士在上海扬言打遍"东亚病夫"的时候，爱国人士想到了霍元甲。幕后做策划的是霍元甲的好友农劲荪。农在津经商，在经济上一直照顾霍元甲。据说也是霍元甲在政治上的启蒙者及几乎所有事业的幕后主持者。与霍元甲及其弟子真正交手的是日本武士，比武的结果是霍氏师徒胜出，并因此名声大振。

1910 年 6 月 1 日，霍元甲在上海成立中国有史以来的第一个体育团体——精武体操会（精武体育会前身）。同年 9 月 14 日，霍元甲不幸被日本人下毒而中毒身亡，终年 42 岁。霍元甲去世后，上海精武会由其弟霍元卿、次子霍东阁任教。此后的十多年间，海内外精武分会达 43 处，会员逾 40 万之众。

一代宗师虽英年早逝，但其抵御外侮、自强不息的爱国精神和事迹永为流传。

第三节　义侠大刀王五

大刀王五真名王正谊，位列民间广泛流传的晚清十大高手谱中，与燕子李三、霍元甲、黄飞鸿等著名武术大师齐名。

王正谊 1844 年出生于沧州一个贫寒家庭，3 岁时父亲因疾去世，他与母亲相依为命。沧州当时最有名的武师当属六合门的双刀李凤岗。王五想拜他为师，但李凤岗说："师训戒律，外教不传。"王五回家连跪三天求母，改入回教。李凤岗收他为第五个弟子，人称"小五子"。王五不负师父众望，尽得其武学。后他又佐师叔刘化龙押镖，行走江湖开阔眼界。

1877 年，王五在北京创办了源顺镖局。因他武功高强，广交各路英豪，天南海北见镖旗上有"王五"二字，无人敢犯。

王五侠义心肠，非常爱国。他护送过因为直谏被革职的御史安维峻，还与谭嗣同兄弟相称，传授谭武艺，"戊戌变法"失败后，谭被捕。王五得知后广泛联络武林志士，密谋救谭，却被谭嗣同坚决拒绝了。后"戊戌六君子"被斩，王五得知后悲痛欲绝，冒着生命危险为谭收尸。

1900 年，义和团反帝爱国运动在北方兴起，王五率众积极参加，杀洋人，攻打教堂。后来，清军围剿义和团，王五执刀迎战，终因寡不敌众被捕。被囚期间，受刑极惨，但他毫不屈服，不久被八国联军枪杀，时年 56 岁。王五被杀后，头被挂在城门上悬杆示众。作为同乡和挚友，大侠霍元甲听说后不胜悲痛，与弟子刘振声冒险夜里将王五的首级取回。在《老残游记》作者刘鹗的协助下，终于将义士的身首合葬。

玉碎难损其质，竹毁难破其节。大刀王五的行侠仗义、爱国情怀一直为后人所敬仰。

第四节　沧州豪杰佟忠义

沧州佟忠义是饮誉中外的著名武术家，生前与王子平齐名，曾被誉为"沧州二杰"。

佟忠义字良臣，满族人，1878 年出生于沧州武术世家。其父佟存，为武林高手，曾在东北开设天兴镖局。佟忠义行三，自幼在父兄指导下刻苦练功，拳技精深，摔跤更是出神入化。在浪迹江湖期间，他寻师访友，博取众家之长，把蒙古族摔跤中的 28 个大绊子、祖传擒拿和六合拳法融为一体，形成了独具一格的佟派技击术。

佟忠义威名远播，并曾在清廷禁卫军、直隶陆军军官学校任职。民国二十一年，在南京举行第一次全国武术比赛，佟忠义荣获六合门第一名。

佟忠义疾恶如仇，富有正义感。民国十四年，一日本柔道家在上海虹口摆擂台，并在报上自吹自擂，不可一世。佟忠义当时正在保定直隶军官学校任教官，闻讯后毅然辞去官职赴沪打擂。开始，洋人想用金钱收买他，佟忠义一身正气，不为所动。慑于佟的"拳威"，这位喧嚣一时的日本人没敢登台便逃之夭夭了。

为了发展武术事业，佟忠义在沧州开办过武学社。迁居上海后，又开设过忠义拳术社、忠义摔跤社。并先后在国育武术研究会任教练、在上海国术馆任少林门教务主任，还兼任过暨南大学等多所大学的国术教练。他编著的《中国摔跤法》一书被上海商务印书馆出版。

新中国成立后，为继承和发掘武术遗产，佟老先生仍孜孜不倦地从事武术的研究和传授工作。1956 年在全国武术比赛大会上，贺龙元帅亲切接见了他。1963 年，佟老因病在上海谢世，终年 84 岁。

第五节　"千斤神力王"王子平

王子平（1881—1973 年），沧州义和街人，出身武术世家，自幼习武，擅查拳与太极。曾任中国武协副主席，第一届全运会武术表演赛总裁判长。

王子平一生充满传奇色彩，闪耀着爱国主义精神。他早岁行商关东，后投身军伍，教将士武术。1919 年，号称"世界第一大力士"的俄国大力士康泰尔在北京叫阵，气焰甚嚣张，王子平激于义愤，当众挫败他。在青岛时，曾遭日帝宪警围攻，王子平把他们一一掷至楼下。王子平后在陆军部马子贞部下任武术教练，在军中表演举石担、石蹬，以大力著称。后在应德国鬼子挑战时，一下举起一个大磨盘，从此赢得了"千斤神力王"的称号。

1921 年，美国人沙利文结伙来上海摆擂台，打出了"万国竞武场"的旗号，并在报上悬赏说，凡能打上他们一拳者赏洋 500 元；如打翻在地，赏洋 1000 元。为此，上海武术界议定请王子平打擂。王子平走上讲台，正要讲话，未料身后窜出一彪形大汉，冲着他就是一拳，王躲过。那人回身又是一拳，王子平避开，顺势飞起一脚，将那人踢翻在地，随又还报他一拳。当晚，"万国竞武场"送来一纸条声言取消比赛，还说那个打手不是他们的人。王子平托人带口信一定要赛，不见输赢决不罢休！那帮人见势不妙，溜之大吉。

1923 年，王子平创办中国武术社。1928 任南京中央国术馆少林门长，后任副馆长。抗美援朝时，王子平捐献大炮，并率领全家参加义演。后来，一直致力于挖掘祖国武术宝库和普及武术。80 岁高龄时，著名导演谢晋请他在电影《大李小李和老李》中做配角，拍摄打太极拳的镜头。他高高兴兴去客串。他认为，在电影中表演"简化太极拳"，对开展武术有利。他说，只要对党对国家有利我都干。

第六节　"铁壮士"丁发祥

丁发祥（1615—1694 年），生于孟村小康之家。自幼习武，为保护家产，后隐于村外土窑之中，苦练三年，技艺遂臻精熟。

丁发祥为人乐善好施，性格沉静内向，虽武艺超人，但轻易不外露，有隐士君子之风。康熙十五年（1676 年），俄罗斯帝国的两个大力士来华，在燕京（北京）摆下擂台，并张贴告示，欲与中华武林高手一决雌雄，言语中视中华子孙如草芥，多不敬之词。

一连几天，数十位京城技击家上台比武非死即伤。两个洋力士见无敌手，踌躇满志，言语更加猖狂。消息传到宫廷，康熙帝十分震惊。两洋人在京都如入无人之境，栽面子事小，让外邦视我为病夫，顿起觊觎之心事大。遂召集百官，商量对策，举荐能人。这时，达嘛肃王出班启奏，举荐丁发祥。

原来，不久前丁发祥北游燕京时在街上遇一烈马狂奔，他怕马伤人，上前拦挡。马掉身尥蹶子，想踢倒他。丁未及多想，挥掌拦截，一下子把马蹄子斩断了。这马是达嘛肃王府的，兵丁拉丁发祥见王爷，王爷见他武艺高强，遂留他府上教徒传艺。

打擂之日，丁发祥飞身上台，道过姓名后便与一洋人交了手。二人行拳过步，丁发祥以守为攻，并不急于发招。洋人正在胜利的狂热中，并没有把丁发祥放在眼里。丁发祥看准机会，在二人贴身的刹那，一个暴肘击中对方。这一肘足有千钧之力，洋力士当场口吐鲜血，昏倒地上。另一洋人不服，接着较量，没几个回合，又被丁发祥击翻在地。

丁发祥连挫敌手，为国扬威，群情振奋。喜报传到宫中，康熙皇帝大悦，召见以奖之，一时王公大臣多以诗歌匾额赠之。

第七节　　"神枪"李书文

李书文（1862—1934 年），盐山王南良村人。

为练好"摧枪问准"，他昼扎铜钱眼，夜扎香火头，后对着镜子练，达到触而不伤的境界。李短小瘠瘦精悍，在室内排掌击空，离窗五尺，纸震荡有声；用大枪刺蝇，蝇落而壁无痕。帮乡亲们盖房上大梁，用大枪将檀条挑到房山上，也常挑起 80 多斤的大车粘辘摇风车似的呼呼转。

清末俄国拳王马洛托夫来京设擂，京、津两地武术名手均败。马洛托夫见李书文瘦小，轻蔑地吐了一口唾沫。李书文随手一掌，打得马洛托夫晕头转向，顺势一招将马洛托夫肋骨打裂，击下擂台。清廷欲封李为五品顶戴、近侍卫队武术总教习，李书文谢辞。宣统赐金佛以示嘉奖。

张作霖久闻"神枪李书文"大名，聘为奉军三军武术总教师。当李书文坐在观礼台上时，众人才看清"神枪李"是个身材矮小的小老头（时 56 岁）。日本武术教官冈本要比武。李书文说："立生死文书：无论哪方伤残，都不偿命。"于是双方下场对峙。冈本急不可待，朝李颈部猛击，李侧身躲过，顺势一掌，击碎冈本肩胛骨。

李书文 40 年未逢敌手，是一代宗师。早期弟子康德第一保镖霍殿阁（南皮小集村人）、晚期弟子刘云樵、李玉海（南皮集北头村人）均名震中外。

李书文晚年居天津。1934 年秋突发脑出血去世，享年 72 岁。

第八节　"燕子"郭长生

郭长生，沧县人，幼年家贫，父亲早亡，与母亲相依为命。早年拜在劈挂拳武师赵世奎的门下，18 岁在沧州出名。郭长生行拳过手出手不见手，人过一阵风，故武界誉以"郭燕子"，为我国近代一位造诣极深的武术大师。

受孙中山"武术救国，强国强种"思想影响，他自小胸怀武术救国之志。1916 年，应招三省巡阅使曹银卫队武术营苗刀连为伍，并拜武术大师刘玉春为师，学习通臂、苗刀、左把枪等。由于练功勤奋、聪颖过人和天生的好腰身，加之为人憨厚忠实，深受师父喜爱，刘玉春遂将其技艺尽相传授。

1928 年，应爱国将领张之江的聘请，郭长生到中央国术馆教授苗刀，1930

年被选派到国民政府外交部兼任国术教官。郭长生曾以国术馆属员的身份参加1928年在南京举行的第一届全国"国考"。经过刀、枪、剑、棍、拳等项目比赛，郭长生一路过关斩将，在400多人中以不败纪录打入前17名最优者行列（这17人因故没往下再打）。冯玉祥将军因此亲赠龙泉宝剑一柄。

郭长生在中央国术馆期间，编创了"二路苗刀""苗刀进枪"等优秀套路，此外还与马英图共同修改编创了"劈挂拳"和"疯魔棍"等套路，给世人留下了宝贵的文化遗产。

"七七事变"爆发时，郭长生正在家歇伏假，没来得及随馆西迁。闭门八年，糠菜糊口，艰苦度日，守贫自乐，决心不给驻沧的日本人做事。驻沧日军得知郭长生在家，曾三次派人以重金相聘教授苗刀，均遭郭拒绝，表示"我宁死不当亡国奴"。这种高贵的民族气节，至今为人所称颂。

第九节　八极初祖吴钟

吴钟，清康熙五十一年（1721年）生于盐山后庄科村一回民家庭。吴钟自幼聪慧过人，嗜武如痴如醉。

吴钟拜南方云游僧人赖魁元为师，学艺10年。2年后，赖师又遣弟子"癖"来向吴钟传授大枪奥妙，赠八极秘诀一卷。所以，八极门人在续拳谱时，尊赖魁元为始祖一世、吴钟为始祖二世。

吴钟拳械俱精，尤擅大枪。浙江少林寺新造山门，内藏机关，埋设了木人、弓弩、刀斧诸多暗器，使人防不胜防。武技非炉火纯青之人，进去就要为暗器所伤。雍正十三年（1735年）8月，吴钟只手单枪，一人独闯少林寺。他一杆大枪，前遮后挡，左拦右挂，连闯三门。诸多暗器，一无着身，被镇寺钦差官赞为"吴神枪"。此外，吴钟还曾独身三进福建泉州少林寺，夜闯罗汉堂，巧得鱼谷鞭，武功显赫，名噪一时。

后吴钟游至杭州，某寺方丈为少林高手，吴钟与其较艺，屡败之。方丈折服，赠吴钟绵镖一囊。吴钟由浙北旋，赴燕京，当时，康熙皇帝的十四子恂勤郡王枪法高妙。双方交手，两人以殳（有楞无尖的竹制兵器）较艺。交手前在殳端皮缚以白粉，以身着粉迹多少定输赢。十四子施展平生本领，频频进招，但都被吴钟破解开来，无一粉迹着身。而吴钟大枪一抖，一个"金鸡点头"，就把十四子的眉毛点白了，而对方却一点也没有察觉。十四子疑吴有幻术，擦了把脸接着比试，又一次粉着眉毛而未觉，遂叹服，即拜师从之。时有"南京到北京，大枪数吴钟"之谚。

吴钟一生，走南闯北，建树颇丰，特别是在孟村一带，以传播八极为业，植下了深厚的根基，为弘扬祖国的武术遗产做出了不可磨灭的贡献。

第十节　　康德第一保镖霍殿阁

霍殿阁（1886—1942年），南皮小集村人。少年时代酷爱武术，常在僻静之处无师自练。

17岁时，拜"神枪"李书文为师，系统学习八极拳和六合枪。专心苦练12年，习得一身惊人武艺，之后跟随师傅行走江湖，武功日趋精纯。后来又被推荐到哈尔滨军官学校任武术教官。其间，和许多武林高手比武过招，都以高超的武艺战胜对手，但又不伤对方情面。武术界朋友都敬重其人品武艺，一时间名扬关东。

1924年，奉军入关后，霍殿阁随军来到天津，并在津门广交武林高手。由于他武功精纯重义气，很快享誉津门。1927年，霍殿阁经人介绍来到张园（溥仪潜居天津日本租界的住处）应试，战胜两名日本武士后，被溥仪聘任为武术教师。1932 年，霍殿阁随溥仪来到东北长春，并在长春开场授徒，传播武艺。

1932 年 6 月 28 日，霍殿阁在护军的部分徒弟，到长春大同公园游园，与日本关东军发生摩擦，导致了一场激烈的群殴。护军打伤一名日军少校，踢死一条日本军犬，打伤几十名日本宪兵。这就是当时震惊全国的"大同公园事件"，也叫"护军事件"。日军以反满抗日的罪名，捕杀霍家弟子，整编护军，霍殿阁被排挤出宫内府。

于 1942 年秋含恨辞世，时年 57 岁。

第十一节 "闪电手"马英图

马英图（1898—1956 年），沧县（今孟村）杨石桥村人。马英图功力深厚，喜欢较技，擅长搏击，出手快且狠，被武林人士称为"闪电手""马狠子"。

1923 年，冯玉祥与奉系李景林部"廊坊大战"。马英图受命冯军前敌总司令张之江，率主要由沧县武术健儿组成的敢死队，持大刀短枪为全军开路，攻克天津，受到冯玉祥嘉奖。

驻扎天津时，马英图因打抱不平，和帮会发生冲突，遭到帮会百余人围攻。马边走边打，胜似闲庭信步，从街一端打到另一端，竟无人能靠近，帮会服气而退。从此，有了"马英图打了一条街"的说法。1928 年，中央国术馆正式成立，马任少林门门长，随即筹备第一次全国国术考试。在散手和长短器械对抗赛中，马连挫名手，被誉为国术馆实力派代表人物。之后，马英图在国术馆为学员教授八极、劈挂、苗刀、疯魔棍、大枪等。

日军侵华时，马在西北军任武术教官，培养的大刀队杀得日军胆战心惊，为中华民族解放做出贡献。1949 年他随傅作义部参加北京起义，后因病退伍，在甘肃省泾川县务农。马英图性格刚烈豪爽，教导过的学生对他无不感念。

第十二节　双刀李凤岗

李凤岗，沧县人，清道光、咸丰时期著名武术家，因精通拳术、器械，尤其善使双刀，被武林人士称为"双刀李凤岗"。

李凤岗自幼跟叔父李冠铭练习六合拳，14岁时已精通六合拳门的各类拳术、器械。后经著名镖师戴四爷介绍进入天津镖局。17岁时遇到关外高僧挑战，以棍斗刀，一招将其击倒，名扬天津城。一次，镖师们在饭堂吃饭，齐声要求李凤岗演练双刀。他推辞不过，就答应了。看看饭堂里有一堆土豆、辣椒、茄子，就说："我耍起刀来，你们拿这个一齐往我身上打，看看怎样。"李凤岗持双刀在院中站定，四五个镖师双手抓了土豆、茄子、辣椒等，站在院旁，喊一声"打"后，便一齐将这些东西扔向李凤岗。再看李凤岗只见刀光，不见身影，土豆、辣椒、茄子像雨点一样打来，都被——砍落在地，竟没有一个沾着李凤岗身体，众镖师这才真正佩服。后来李凤岗走南闯北，与人交手无数次，从未失镖，"双刀李凤岗"之名，不胫而走。

中年时，李凤岗回到沧州，开设成兴镖局，以乐善好施、行侠仗义闻名。

第十三节　神枪刘德宽

刘德宽（1826—1911年），沧县人。自幼随父习武，练习鹰爪拳术。青年时凭借精湛武艺在北京和盛镖局当镖师，以保镖为生。刘德宽一生以练拳为主，更善使大枪，被武林人士誉为"神枪刘"。

刘德宽在北京一位蒙古王爷府内做护院时，听说八卦名家董海川精于八卦掌，便慕名前去拜访。董海川看完刘德宽练枪后说，你练得不错，可惜不能扎人。刘德宽不服，拿枪扎董，董用手指捏住枪尖，用内功通过枪杆把刘打倒。刘德宽很服气，拜董为师。董海川说："你的根基不错，但应换一下练法和用法。"刘德宽经过董海川的指导，以原练六合枪的精髓、结合八卦掌转圈的特点，枪掌相融，因此得名为"八卦枪"。据说，刘德宽使用"八卦枪"能在穿衣镜上扎苍蝇，被人称为"神枪刘"。

刘德宽成名较早，带艺投师，以保镖为生，走南闯北，见多识广，无门户之见，能博采众长、取长补短而又勇于创新。清光绪二十年与八卦掌名师程廷华、形意拳名师李存义等结盟，倡议联八卦、形意、太极为友门，摒弃陋规，交流拳技，互授弟子。刘德宽不拘旧法，以戟法增益枪法，以岳氏散手为基础创编《岳氏连拳》，以八卦拳散手为基础创编《六十四手》练法，对武术继承与发展做出了有益的贡献。

第七章　沧州武术事件

悠悠武林事，巍巍大中华。在中华民族绵绵的历史长河中，沧州武术以自己的微薄之力，为民族的锦绣山河增添靓色。无论是抵御外侮，还是平暴驱邪，无论是繁荣武术还是擂台扬威，多有沧州武林人士挺身而出、横刀立马，以舍我其谁的豪气，上演可歌可泣的故事。发生在沧州的一些历史事件，成为影响中国武术发展的重要事件。

第一节　创办"中央国术馆"

中央国术馆是民国时期中国最高武术研究和教育机构，由沧州人张之江等1928年3月在南京创办。国术馆以弘扬中国武术、增进全民健康为宗旨，汇聚了如郭长生、曹宴海等大批沧州籍武林高手，他们在中央国术馆一系列出访活动中将沧州武术中通臂、劈挂、苗刀之绝技传向全国、传向世界。

在张之江、郭长生等人的推动下，中央国术馆两次在南京举办国术国考。考试大胆借鉴西方现代体育的比赛方法，推动武术向现代体育发展迈出一步。1933年和1936年，中央国术馆两次率团分赴广东、广西、福建、香港地区以及新加坡、吉隆坡、马尼拉等地做了65场武术表演，对武术的宣传卓有成效。

国术馆赋予武术强烈的爱国主义内涵，自1928年成立至1937年抗战爆发，共收了5期学生，总人数500人，为国家培养了一批术德并重、文武兼修的武林俊杰。1936年，第11届奥运会在柏林举行，张之江在上海选拔国术国手，组织代表队参加表演。国手中的张文广、温敬铭、傅淑云、刘玉华等都是中央国术馆的学生，他们在德国的武术表演轰动了世界体坛。西方世界开始向神秘而博大的中国武术投来注意的目光，当地报纸称赞武术有体育价值、攻防价值、艺术价值。舆论界更称："中国国术具有艺术、舞蹈、奋斗三大特色，反映了中华民族悠久历史文化及尚武精神。"为此，张之江获得 11 届奥运会以"五环"为标志的纪念章，并被誉为"中国国术开始走向国际体坛的第一人"。

第二节　力挽"中华第一擂"

提起康熙时期的"中华第一擂"，武林志士都禁不住会肃然起敬，说得最多的几句话就是："那一擂，意义太大了。当时，中国能够与沙俄抗衡，中国人能保住尊严，真就是靠着了铁壮士！"

康熙年间，外国不少传教士来中国传教。随着中国国门的打开，西方列强借机窥视中国国土，以传教、经商为名派人刺探中国情况。康熙十五年（1676 年）有两个俄国大力士随同他们的传教士一同来到北京。见中国人一般都较矮小，又穿大袍子、留着长辫子，不像有力气的人，便起了轻蔑之心。为此，在北京前门摆下擂台，并有很多对中国人污蔑的话语。因有挑战中华武林之意，这被当时人们称为"中华第一擂"。

当时，北京武术家云集，哪能咽下这口气？于是纷纷上台较量，怎奈俄国力士身躯高大，力大如牛，武功也很了得，北京武术家上台少则一两回合、多则十几回合，就被打下台来。一连几天，伤亡数十人。两个洋力士见无敌手，踌躇满志，言语更加张狂。沧州武师丁发祥闻讯后登赴擂台，通名后便与洋力士交手。当战到几十个回合后，在二人贴身的刹那，丁发祥一个抱肘击中对方。拳谚云："宁挨十拳，不挨一肘。"这一肘足有千钧之力，洋力士当即口吐鲜血、昏倒地上。另一洋力士不服,接着较量,没几回合,又被丁发祥击翻在地……

丁发祥连挫敌手,为国扬威,群情振奋,有力地反击了沙俄对中国国土的窥视之心,维护了国家主权,捍卫了民族尊严。喜讯报到宫中,康熙皇帝大悦,亲自召见丁发祥,当即挥笔题下:"铁壮士武侠",还命翰林院为其制"龙笑匾"一块,并赠"龙旗"六面,赏穿黄马褂,赐"尚方宝剑"一把。

第三节 招办沧州"武术营"

在旧社会,沧州武术健儿多被招募从军。直隶督军李景林、曹银就曾在沧州设场,招选武术兵和教官,为抗日战争中二十九军的沧州人和沧州人教授的大刀队抗击日本侵略播下了火种。

1918年,驻守保定的直隶督军曹银派王宝麟来沧,通过比武,挑选了50多名武士充实武术营,陈玉山、佟忠义等5位武术名家被选为武术教官。曹银有当总统的想法,创建武术营,就是他的人才战略的一部分。

据说,当时沧州人袁春林任曹银部队某团的武术教官。1918年的一天,曹银召集各团武术教官到司令部比武,声明可以用真刀真枪,但不能伤人。袁春林和人对刀,开始令响,袁春林的刀已经落到对方头上。曹银担心伤人,袁春林说刀是平拍的没事。曹银大喜,调袁春林到司令部值勤。曹锟的义子王宝麟说,袁春林是沧州人,沧州武林高手很多,可去招募武术兵。于是就有了王宝麟沧州招兵的一幕。

"武术营"也就是卫队营,下设4个连,有沧州官兵近80人,佟忠义、李富臣、陈玉山、刘文岭、傅万祥、魏宝贵分别为教官。因为部队统一管理,操练严格,教官多为名家,武术营的人员如郭长生、孙玉铭等几十人,都成为武术名家。

此后，武术营的沧州官兵，被分派到直系各部当武术教官。直奉战争爆发，曹锟倒台，直系分化，沧州的武术教官有的解甲归田，有的投身直系分化后的冯玉祥西北军张之江麾下。冯玉祥西北军分裂后，许多人在二十九军开始教授大刀，马英图还改编传统刀法，使之更便于对付日军。抗战中，二十九军的大刀，立下赫赫战功，名震倭寇。

第四节　　沧州人荣获民国"武状元"

曹晏海，沧县芦家园村人（今市开发区），1928 年拜郭长生为师。郭将通臂、劈挂、苗刀绝技倾授传之。曹晏海得郭艺技精髓功夫突飞猛进，用激步子一口气踢出 12 个枣木橛来，20 多岁就得了个"草上飞"的绰号。1929 年，浙江国术游艺大会，曹因武艺出众获中华体育会赠的银盾"武德可风"一个。后曹在上海擂台赛中再显身手，获第一名。上海市市长张群、黄金荣、杜月笙三人各赠题词的银塔。1937 年任陆军军官训练团一级国术教官。

第五节　　编撰《沧州武术志》

沧州武术历史悠久，但长久以来，关于它的历史大多是由武林人士口耳相传而来，由于时间久远而变得日渐模糊。《沧州武术志》的编撰与出版，使沧州武术有了丰富的信史。

《沧州武术志》1991 年由沧州武术志编委会编订成书并出版，为多卷本史书。它以历史志书的体例记述沧州武术的发展历史，以风俗志的视角看待沧州武术，将沧州武术在国内外所发生的事情——记录，并对沧州地区内相关门派以及代表人物做了详细介绍，分为概述、大事记、门类、拳械、组织、比赛、人物、礼俗、传播与交流、附录等篇，是一本翔实的地方专门史史书，即沧州武术专门史。对研究我国武术特别是沧州武术的发展，以及沧州地区历史、人文都有着极高的价值。

《沧州武术志》记载了沧州武术历史的全貌，它犹如沧州武术这一"家族"的族谱。通过它，人们能够清晰地了解沧州武术及其分支的发展脉络，可轻松地找到自己门派或是拳法的起源发展。谁有什么疑问，拿来《沧州武术志》，一看便明。因此《沧州武术志》填补了沧州武术发展史上有史无书的空白，是对沧州武术发展的一项重大贡献，有力地推动了沧州武术向现代的发展。

第六节　　"武术之乡" 冠名狮城

沧州武术，根深叶茂；沧州武术，堪称国宝。沧州被评为"武术之乡"，更使沧州武术令武林瞩目，在沧州武术发展史上也写下了浓墨重彩的一笔。

沧州被命名"武术之乡"，是历史和现今武术发展所决定的。早在先秦时期，由于战争、地理因素的影响，沧州逐渐形成"尚武"民风。从两汉、两晋南北朝，到唐宋元明清，再到民国时期，沧州武术名家、大家辈出。

沧州为"武术之乡"又是最现实的。现在沧州有数十家门派，数百家武馆（校），数十万人习武。沧州武术为百姓喜闻乐见，已经成为沧州百姓生活的一部分。因此，1985 年，省体委正式命名沧州为"武术之乡"，是对沧州武术的一次正式的肯定。1992 年，国家体委正式命名沧州为"武术之乡"，沧州经受"国考"的考验，成为我国最早也是迄今为止唯一一个获此殊荣的设区市。

沧州被命名为"武术之乡"，说明沧州武术经过"国考"跃上了一个新的台阶，是沧州武术发展史上最为重要的一件大事。它是对沧州武术的一种肯定，又是对沧州武术的一种鞭策。

第七节　沧州武术申遗成功

沧州武术虽有曾经的辉煌，但沧州武术门派中一些重要门派或拳种在发展中或因传人自身的原因或因历史原因传人越来越少，濒临消失。

为了挽救这些在沧州武术中具有重要地位的门派或拳种，沧州市在 2005 年开始主动组织申报非物质文化遗产工作。在此期间，一些关心沧州武术发展的人们查阅了大量的相关文献，走访了相关拳种的传人和研究沧州武术的相关人士，完善沧州武术相关拳种的历史沿袭，并挖掘相关史料，制作视频录像，力图还原一个真实的沧州武术的历史、现今的面貌，最终在 2006 年沧州武术成为第一批国家级非物质文化遗产，之后劈挂拳、燕青拳、泊头六合拳相继入选国家级非物质文化遗产，并另有黄骅青萍剑、青县麒麟拳等 12 个拳种入选省级非遗名录。

沧州武术及其所属拳种成为非物质文化遗产，是对沧州武术发展的一次很好的保护，说明沧州武术的保护、发展是被国人认识到了，同时沧州武术保护被提高到了国家级的高度。这有利于沧州武术及其相应拳种的传承保护，激励沧州武术及相关拳种的传人为沧州武术的传承培养更多后来人。

第八节　第八届武术节升格"国家级"赛事

第八届"中国·沧州国际武术节"2010 年 10 月 9 日晚在沧州狮城广场盛大开幕。本届武术节由国家体育总局和省人民政府共同主办，中国武协、省体育局和沧州市政府共同承办。来自 44 个国家和地区 700 多名武术健儿在 3 天的时间里共同切磋技艺，感受了中国传统武术文化的博大精深和武乡沧州独特的地域文化、风土人情。办一届精彩的、高水平的武术盛会，进而弘扬和振兴沧州武术文化，擦亮沧州武术品牌，一直是全市上下的共同心愿。

　　从 1989 年第一届武术节以来，沧州的环境日臻完善。经国家体育总局批准，第八届武术节更名为"中国·沧州国际武术节"，正式升格为国家级赛事，这是沧州有史以来承办的最高规格的武术赛事。10 月 10 日，在短短 5 分钟的时间内，1.52 万人、53 个拳械门类的大展演创造了吉尼斯世界纪录。

第八章　沧州武术发展现状

第一节　发展现状

沧州武术，在被称为"国术"的中华武术中占有重要地位，是根植于民间的中华武术的源头、缩影和集大成者，是古老中华武术的重要遗存。数百年来，沧州武林精英荟萃，豪侠云集，名人辈出，更有名师高手在中华武术史上写下华章。改革开放以来，沧州武术如枯木逢春，宿将宝刀不老，新秀层出不穷，枝繁叶茂，硕果累累。沧州武林人士，担任省、国家武术组织领导职务和高等院校武术教授者百余人。沧州籍武术运动员在省级、国家级、国际上摘金夺银，武乡威名享誉中外。沧州武术普及活动经常而活跃，习武人群不断增力口。"武术进学校"和"太极拳进机关"活动受到原国家教委和国家体委高度评价。已前沧州武术馆校达130多所，习武健身人数高达百万。在沧州各地公园、广场、学校、社区，到处都有习武群众。

一、重人才重传承

（一）四百余位拳师获武术段位

在我国武术界，武术人才辈出，但长久以来没有一套完善的评价标准。

为了能很好地评定我国武术人才的水平高低，促进我国武术更好地发展，我国在1998年开始组织武术人才的武术段位评定工作。此次，沧州市多位武术精湛的拳师作为评委参加评定工作，已有 678 人通过中高段位审定。参加、通过武术段位的人士之多、段位之高在全国名列前茅。

通过武术段位的评定，沧州武术在国人面前再现了自己的整体实力，是沧州武术的整体会演，凸显了沧州武术的人才优势和集团效应。沧州众多武术人才获得武术高段位，再次夯实沧州作为中国武术基地的武林地位，在新时期有力推动了沧州武术更快、更好地发展，为沧州武术新人指出了一个新的努力方向。

（二）命名首批传统武术传承人

为传承和弘扬沧州传统武术文化，掀起全民习武热潮，打造沧州武术人才高地，繁荣武术事业，振兴武术产业，2010 年 9 月，第八届"中国·沧州国际武术节"前夕，沧州市政府开展传统武术传承人评选活动。经过武术专家评委会的全面技术考核、武德评估并经市政府核审，最终确定了首批 20 位沧州传统武术传承人，分别为：八极拳吴连枝、六合拳张少甫、劈挂拳王志海、燕青拳祁鸣松、太祖拳岳振忠、功力拳魏占林、滑拳王元祥、游身连环八卦掌温静、通臂拳郭贵增、戳脚苗晓兰、唐拳姜国正、明堂拳于海臣、弹腿回孟海、麒麟拳刘连峻、短拳尹炳武、少林拳赵红升、八仙拳李大强、拦手拳田秀峰、查拳马学峰、白猿通臂孔令春。同时，这些拳师还将被聘拳任为学校武术教师。市长为首批 20 位传统武术传承人颁发了证书。

二、组织竞赛活动

（一）竞赛节庆扬沧州武名

2010 年 9 月 11 日至 12 月 11 日，"沧州八极神州擂"在沧州体育馆举办，以擂台对抗为主要形式，以周赛、月赛、季赛、年度总决赛为基本形态，选拔出 16 名八极高手角逐总冠军，赢取总额 100 万元人民币的大奖。10 月 8 日，第八届"中国·沧州国际武术节"盛大开幕，主体活动包括"中国·沧州国际武术节"开幕式暨"2010 中国沧州武术盛典"大型主题晚会、中国沧州国际传统武术精英赛、创吉尼斯世界纪录——沧州武术精品拳种万人大展演和闭幕式暨颁奖晚会、沧州地方优秀拳种交流展演大会和"火树银花耀武乡"烟花燃放专场晚会以及第二届中国（沧州）管道装备展览会、2010 中国黄骅冬枣节和沧州特色旅游专线专项推介活动。沧州吸引了世界的目光。这是自 1989 年以来，连续举办的第八届武术节，已升格为国家赛事。节庆活动在以武为媒、促体兴沧、扩大交流、提高武术竞技和武术产业化水平等方面发挥了积极而独特的作用。

具有武乡特色的武术交流竞赛制度，让沧州的竞技武术、传统武术水平不断提高。全运会、青少年运动会和全民健身运动会等政府届次运动会上，设立武术项目，并在分、牌设置上给予政策性倾斜；举办"希望之星"武术比赛，传统武术名家名流交流展示大会和"武术馆校武术比赛"，并在每年 5 月举办"太极拳月系列表演竞赛活动"，在保留和发掘传统武术、培养和发现武术新人等方面起到了重要作用；承办高规格赛事，提高了沧州武术的知名度和美誉度。近年来，沧州承办了中华武术散手擂台争霸赛、中国武术散打王争霸赛、河北省传统武术表演赛、河北省青少年武术锦标赛、全国第八届武术学校散打比赛等高规格、权威性赛事，使沧州武术威名屡震华夏。

（二）组队参赛成绩骄人

近年来，刘振岭、王晓楠、井芳、崔文娟、阚文聪等分别在亚运会、世界武术锦标赛和奥运会武术比赛及世界青年武术锦标赛中摘金夺银。沧州武术代表队在全运会、全国武术之乡武术比赛、全国武术演武大会、国际传统武术暨绝技大赛、全国中老年太极拳比赛、全国八极拳邀请赛等重要赛事中，均有上佳表现。2004 年，刘连峻、王志海、苗晓兰代表国家队参加首届郑州国际武术节获得 3 枚金牌；2006 年郭贵增、苗晓兰等 15 人分别代表国家、省和沧州市参加第二届郑州国际武术节共获 17 枚金牌，王晓楠、崔文娟分获第六届和第九届世界武术锦标赛冠军，崔文娟荣获北京奥运会武术比赛太极拳、太极剑全能冠军，沧州传统武术的领军地位不断得到巩固和提升。

三、武术普及与人才培养

（一）"武术进学校"普及国术

要使传统武术之树常青，必须抓好青少年武术教育。多年来，沧州一直把"武术进学校"当作振兴传统武术的基础性工作来抓。

一是编写传统武术乡土教材，在全市中小学开设武术课，并把武术列入体育课教学内容；二是加强武术师资培养，与教育部门共同举办体育教师武术培训班，使中小学体育教师掌握武术操和一路拳的演练技术，并具备武术竞技裁判的基本知识和技能；三是发挥好体育传统项目学校的典型示范作用，涌现出沧州市第九中学、运河区逸夫小学、沧州市第一职业技术中学、沧县柳孟春小学等一大批武术进学校的先进典型，国家三任武协主席徐才、张耀庭、李杰都亲临学校进行专题调研。现在已将幼儿园、中小学和大中专院校全部纳入推进范围。还以武术进学校为龙头，开展武术"六进工程"，即武术进学校、武术进机关、武术进社区、武术进农村、武术进企业和武术进农村活动，扩大普及面，夯实社会武术基础。

（二）民办武校在困境中发展

积极鼓励、有效引导和大力扶植社会力量兴办武术馆校，是拓展传统武术发展外延的有效途径。在有关职能部门的倡导和支持下，沧州武术馆、校、社、站、点已发展到 640 多个，在训学员多达上万人。其中"青县盘古文武学校""沧州镇海吼武术院""沧州育杰武校""沧州林冲武校"等一批规模大、水平高的武术馆校，在培养优秀武术人才、推广传播武术文化、推进沧州与北京体育大学等高校联合办学方面成绩显著，为沧州武术事业的发展注入了新的生机和活力。武术馆校武术比赛形成届次并坚持经常，为武术馆校参加各级各类赛事提供平台和政策服务，为其毕业生就业创造条件。

1. 林冲武校

沧州林冲武术学校是武术之乡的一面旗帜，创办于 1996 年，是一所全日制寄宿式学校。学校在全国具有很高的知名度和美誉度，是上海电影制片厂特技队、北京人文大学武学院武术散打培训基地。学员曾多次荣获国家、省、市武术大赛集体、个人冠亚军。校长韩志超具有 40 余年的教学经验，弟子遍及大江南北，业绩斐然。由他创编的"三路苗刀""劈挂滚雷掌"等传统套路多次获全国大奖，以他为首的一批知名教练教授武术课。学校教授国家规定套路、自选套路、中国传统名拳、名械、散打搏击及韩门独特的家传绝技。

2. 镇海吼武术学校

创办于 1995 年，坐落于沧州铁狮子旅游区，是目前河北省唯一的一所集小学、初中、高中、中专为一体的正规国办文武学校，是北京体育大学武术系定点培训基地，2005 年 5 月被河北省体育局确定为河北省龙狮运动训练基地。教授通背拳、五行通背拳、长拳、太极、散打、跆拳道、摔跤、少林拳、南拳，驻场武师王志海。

3. 青县盘古文武学校

成立于 1997 年 6 月，是经沧州市教委批准的九年一贯制、全寄宿、全封闭式文武学校，占地 80 亩，总投资 600 万元，建筑面积 5000 多平方米，是目前沧州市规模最大的文武学校。由八极拳年度总冠军刘伟斌、单周冠军刘俊杰、刘彪等亲自友情指导。开设有八极拳培训班、散打班、跆拳道班等。校长为武术名师刘连峻。

4. 红升文武学校

沧南红升文武学校 1999 年由来自沧州的著名拳师赵红升创办，是一所集文化、武术、艺术、食宿于一体的综合性文武规范化学校。学校占地面积 10000 余平方米，传授二郎拳、劈挂、黑虎拳、少林拳、螳螂拳、国家规定套路、国际最新套路，以及刀、枪、剑、棍，软硬器械，十八般兵器，散打、跆拳道、擒拿格斗，硬气功等课程。

四、武术交流

（一）挖掘整理昭示武术内涵

沧州武术的传播在历史上多是师徒相传，整理挖掘不够。民国时期，以张之江为首的一批有识之士在这方面做了大量的工作。新中国成立后，则是近年来在弘扬传统武术上突破较多。由沧州武林杰出人士编写审定的武术专著，相继问世的有三四十种，由沧州著名拳师郭瑞祥、吴连枝分别编纂的传统武术竞赛套路《劈挂拳》《八极拳》，被国家体育总局作为规定套路推向全国；有 12 种武术专著被译成外文推向世界，在国外武术界产生巨大影响；沧州曾三次获得河北省和全国传统武术挖掘整理先进单位称号；通述古今、全面而完善的《沧州武术志》广受业内人士好评。

而通过影视的形式向世界推介沧州武术，无疑是一种很有效的方式。以沧州武术为题材拍摄的影、视片和各类拳种的纪录片、专题片达 96 部。电影《沧州绝招》、专题片《苗刀》《八极拳》《戳脚拳》和《武术大师张少甫》等获得广泛赞誉，有的影视武打设计曾获"百花奖"殊荣。

（二）中外交流传播古老文化

要让传统武术焕发青春，必须扩大开放，加强交流，使传统武术融入开放性品格。第八届“中国·沧州国际武术节”上，不少痴迷中国功夫的洋弟子也来一展身手。他们都曾跟着中国师父或者沧州师父习练武功。风靡日本的《VR 战士》电子游戏中的功夫招式，就来自沧州孟村八极拳名家吴连枝。在日本，无论是东京还是大阪，无论是神户还是奈良，只要一提起“八极拳”，日本就连称“吆西，厉害的中国武术”。把八极拳带到日本的，就是吴连枝。从 1986 年，他就应日本大阪武当派研究会之邀，赴日本教授八极拳，之后 12 次东渡日本，足迹遍及日本各大中城市。如今，吴连枝海外弟子多达 5000 人。现在，沧州武术爱好者赴外讲学，外国学员来沧州习武，中外武术交流频繁。

青县盘古文武学校校长刘连峻，曾多次到瑞士、法国、荷兰等国家讲学，传播中国武术。并同 20 多个国家建立友好关系。武校里时常会迎来几位“洋弟子”，一招一式地认真拜师学艺。沧州籍武师应邀授艺讲学和派员来沧考察学习武术者，涉及日本、韩国、美国、德国、瑞士、比利时、新加坡、巴西、意大利等 40 多个国家和地区。沧州与韩国古武道协会、新加坡全国武术总会等国际武术组织建立了长期的友好合作关系。为配合“中国·俄罗斯年”和“俄罗斯.中国年”活动，2006 年在沧州市举办了中俄太极拳友好交流赛，2007 年选派南皮红升武校赴俄罗斯参加“中国文化周”武术表演。传统武术已成为沧州对外宣传和交往的重要媒介和平台。

沧州武林人士，一向注重内外交流。来沧授艺者，热情款待。又有不少人周游祖国南北，或设镖局，或任镖师，或于民间教徒，或入军二旅授艺，或寻师访友学技，或参加擂台比武。马凤图、马英图传艺于西北五省、区；佟存、佟忠义、张占魁、孙文勃、杨积善、刘振山、张殿奎、吴秀峰、卢振铎、贾耀亭等授徒不下数万，遍及十余省、市。同时，又能吸取各地武技精华，充实沧州武林。因而，沧州武林门类和独立之拳械技艺愈加丰富，许多拳械套路，经过提炼、改进、创新，独具沧州特色。如今，邀沧州籍武师前去教授武术技艺和外地来沧习武者，遍布全国包括台湾在内的 29 个省、市、自治区；传统武术以其独有的健身功能和观赏性、表演性、技击性特点，越来越受国人喜爱，越来越受国际重视。

2002 年 11 月，沧州发行"武术与跆拳道"中韩武术交流邮票一套，为武术走向世界做出了努力。

第二节　中外大赛"武状元"

新中国建立后，沧州选手在全国及世界各项赛事中，以深厚的实力荣获多项冠军、金牌、第一。出现过"军旅状元"刘述仁（50 年代太极拳项目全军第一）、拳术金奖佟佩云（全国武术运动会拳械第一名等三次最高奖）、"武林第一"徐毓茹（全国武术比赛太极拳冠军、全国十五单位武术及射箭锦标赛获太极拳和枪术冠军）、"太极登峰"王华峰（全国武术比赛大会太极冠军）、"金冠连三"刘学谦（全国武术比赛剑术枪术第一）、"当代鞭王"苏同玉（全国武术比赛、全国武术锦标赛五次获九节鞭、对练冠军）"枪剑称王"刘振岭（枪术两次全国冠军、剑术一次全国冠军、对练两次全国冠军，实现"五冠王"）、"散手明星"贾振福（全国武术散打邀请赛、南北争霸赛、全国擂台争霸赛、全国武术散打锦标赛、中欧散打对抗赛等多项冠军）、"太极登峰"贾瑞奇（全国武术锦标赛武式太极拳冠军）、"亚洲第一刀"井芳（全国武术套路冠军赛独揽南拳、刀术、双刀三项"状元"，第六届亚洲武术锦标赛首取刀术金牌）、"中华拳王"杨一（两次中国拳王和三次全国拳击冠军获得者）等优秀武术人才。下面着重介绍近几年势头强劲、表现优异的沧州武术新秀。

一、王晓楠棍扫世锦赛

2001 年，第六届世界武术锦标赛上，沧州女孩王晓楠，以一套让人眼花缭乱的棍术征服了公众、征服了各国裁判，以绝对优势夺得了棍术世界冠军，成为沧州武术史上第一位正式的世界冠军，更把沧州武术的魅力展现在全世界人们的面前。

王晓楠夺得世界冠军，是对沧州武术发展水平的一次世界级的肯定，这个世界冠军的头衔说明了沧州武术的实力，是对沧州武术几十年来发展的最好肯定，也是一种无形的鞭策，必将激励更多的武术人士为沧州武术的发展再努一把力，在今后的国际舞台上续写辉煌。

王晓楠棍扫世锦赛，作为沧州武术在世界人民面前的一次华丽亮相，是值得写在沧州武术发展历史上的一件令人骄傲的事件。它激励了后来的沧州武术健儿，起到了开路引路荐后人的作用。

二、"太极皇后"崔文娟

在中国味儿十足的《茉莉花》旋律中，崔文娟一袭白衣亮相北京 2008 武术比赛太极剑赛场。她的动作柔缓而又夹带着猛烈，她的目光温柔而又藏着几分倔强，她的表情平和却又神采飞扬……最终，崔文娟以绝对优势夺得女子太极拳太极剑全能冠军。而她的太极拳得分 9.85 分，更是创下了女子太极拳比赛历史上的最高分。

尽管是身经百战的太极高手，但站在北京 2008 武术比赛的冠军领奖台上，崔文娟还是抑制不住地流下了眼泪。为了这次的比赛，崔文娟备战了三年。

小时候文娟总生病，身体不好。学习武术以后，不知不觉身体就硬朗了。小姑娘从此爱上了武术。1998 年 9 月，在石家庄举行的河北省武术套路锦标赛上，崔文娟一举夺得长拳第一。1999 年，年仅 17 岁的崔文娟连续荣获"全国青少年武术锦标赛"剑术亚军和"亚洲青少年邀请赛"长拳及剑术金牌。同年，崔文娟成为广东省体工队的一员，并在长拳和枪剑全能比赛中多次摘金夺银。

一次意外的受伤，改变了她的命运。教练决定让崔文娟改练太极拳。

在教练的耐心启发下，崔文娟逐渐感受到了太极拳柔缓中的内涵魅力。每一个动作都要精雕细琢，每一个眼神都要精益求精。2004 年，崔文娟拿到了全国冠军，在接下来的几年时间里，崔文娟连续获得全国武术套路锦标赛女子太极剑冠军、大学生运动会女子太极拳冠军和全国武术冠军赛女子太极拳冠军。2005 年的南京十运会，在竞争异常激烈的女子太极拳、太极剑全能比赛中，崔文娟带伤上场，并以 18.89 分的好成绩一举夺得冠军。这标志着崔文娟已经成为当代女子竞技太极拳的一号人物。

三、亚运冠军阚文聪

2010 年 11 月 14 日，18 岁的阚文聪在广州亚运会上登上了金牌领奖台，她告诉世界：练武就是一种享受，只要真心喜爱，并努力付出，一切终有所得。

本届亚运会才第一次走入亚运殿堂的女子剑枪比赛是一项令人望而却步的项目。剑的柔情，枪的精准，以及这两个项目所展现出的武术技击的实用性，让那些没有多年武术根基的人很难领会。

剑是"百兵之君"，阚文聪手中的剑似舞凤，剑出"刺、斩、撩、挂"，穗走"带、甩、摆、打"，尽显中国功夫之美。枪为"长兵之帅"，阚文聪掌中的枪如游龙，出枪如线，势可破竹；"封、劈、拦、拿"，密不透风，方露长缨在手之豪情。剑收入立，不失儒雅之范；枪停人止，四顾天下谁敌。自 8 岁起习武，沧州小将阚文聪于 10 年苦功之中，早已与这两样器械合二为一。

阚文聪收招抱拳，现场观众稍愣了一下，掌声四起。现场解说也是目瞪口呆，只感叹了一句：这才是中华武术之精妙！

2004 年进入河北省武术队的阚文聪是我省继世锦赛、全运会双料冠军王晓楠之后的又一个武术奇才。当年只是为了强身健体而开始练习武术的她，一入门便成为教练眼中的好苗子。夺冠后，她说学会了享受比赛，别说训练艰苦，每一滴汗水，最终都会变成收获。

阚文聪这枚亚运会金牌弥补了河北没有亚运会武术金牌的遗憾，让河北真正实现了全国锦标赛、全运会、亚洲武术锦标赛、亚运会、世界武术锦标赛的大满贯。

四、棍术折桂李蒙蒙

1999 年李蒙蒙入选沧州运动学校武术队，从事武术套路训练。在教练的悉心栽培下，很快展露出武术天赋。2002 年底入选河北省武术队，2004 年至 2009 年连续六年获得六项冠军。2008 年作为河北省唯一的队员被国家队选中，代表中国参加了在印尼举办的第二届世界青年武术锦标赛，她以一套刚劲威猛、娴熟漂亮的技术动作征服了各国裁判，获得棍术冠军，登上了最高领奖台。全国武术管理中心领导和行业专家是这样评价李蒙蒙：身体素质好，表演欲望高，技术娴熟，动作漂亮大方。

她获得的奖项有 2004 年全国锦标赛棍术冠军，冠军赛棍术亚军；2005 年十运会武术套路全能第三名、长拳第四名；2006 年全国武术套路锦标赛冠军；2007 年全国武术锦标赛刀术冠军、冠军赛刀术第二名、棍术第二名；2007 年全国大学生运动会棍术冠军、刀术第三名；2008 年第二届世界青年武术锦标赛棍术冠军。

五、农民世界冠军苗晓兰

她凭着戳脚拳、阴手枪两项绝技，打遍天下无敌手，在当下武林传为佳话。

家在肃宁县的苗晓兰，自幼喜爱武术。沧州体校毕业，以几分之差与体院失之交臂，也没找到合适的工作，只好回家务农、结婚、生子。

相夫教子，种地养家，做些小买卖维生。这样的日子，让她迷茫、苦恼。她害怕自己多年来在武术方面付出的心血就这样付诸东流。终于有一天，县体委办武术培训班，要招聘教师，凭着坚实的功底，她被录用。

武校里有位老师叫尹炳武，带着一班学员练戳脚拳。苗晓兰一下子就迷上了，当下拜师学艺。不但练戳脚，还练阴手枪。2004 年 10 月，首届世界传统武术节在郑州举行，被称为"传统武术的奥运会"。来自 62 个国家的 2200 余名外国选手参加比赛，中国在千余名参加省级比赛的选手中选拔出 21 名运动员参战，王志海、刘连峻、苗晓兰都是沧州选手。她和队友参加六项比赛，拿下六项冠军。45 岁的女子，身体柔韧度比 15 岁的小姑娘一点都不逊色，拳法迅猛有力，身手矫健绝不逊于男子，众人看得目瞪口呆。她的阴手枪更是一绝，两手使枪，左手阴，右手阳，阴把攥枪，阴阳互换，夹枪带棒，攻击之猛根本不像女子练的功夫。动作出神入化，变化多端，达到了炉火纯青的境地。苗晓兰以巨大优势夺得两项冠军，成为大赛的一个传奇。应邀观摩比赛的北京体育大学老教授门慧丰撰文感慨道："俗话说，南拳北腿，戳脚是北腿的代表拳种，这次终得一见。"

自此，晓兰成了打遍天下无敌手的人物。奖牌、荣誉如雪片般飞来：2003 年，全国武术精英邀请赛中获拳术、器械两项第一；2004 年全国传统武术比赛获拳术第一、器械第二；2005 年，由于她在武术界的杰出表现，被沧州市授予"市长特别奖"；2006 年，在首届中国传统武术交流表演大会上获戳脚拳术第一、阴手枪特等奖；2006 年 11 月，获河北武术文化研究会颁发的"最佳贡献奖"，同年被评为"沧州市专业技术拔尖人才"；2006 年，再次代表中国武协参加了世界传统武术比赛，获拳术、器械两块金牌；2008 年 10 月，第三届世界武术节获器械、拳术总冠军；2009 年 6 月全国农民武术赛暨武术之乡赛获两项总冠军，并与沧州队友获得团体总分第一名。

六、"长兵之王" 王志海

王志海 1953 年 5 月出生于沧县。现任河北省政协委员，沧州市人大代表，沧县人大常委会副主任，沧州市武协副主席、沧县武协主席，沧州镇海吼武术院院长，世界武术研究学会名誉会长，河北体育学院客座教授，国家一级武术裁判员，市劳动模范，曾四次获得全国冠军，获世界传统武术节两项一等奖，获得市长特别奖，并获国际武联武林贡献奖。

王志海自幼酷爱武术，12 岁拜燕青门武术名家肖玉峰为师习武，20 岁时又拜劈挂门名家郭瑞祥为师深造，1998 年后师从陈式太极拳第十一代宗师马虹。

1980 年至 1986 年连续四次在全国传统武术比赛中获疯魔棍、劈挂拳、苗刀金牌。

1999 年 5 月在浙江省台州市举办的"国际传统武术暨绝技大赛"上，他表演的疯魔棍再获长器械组桂冠，并荣获传统拳术特别优胜奖。

2001 年 12 月在中国珠海国际太极拳交流大会上，他获得陈式太极拳男子成年组金牌。2004 年 10 月在河南郑州举行的首届世界传统武术节比赛中，获疯魔棍、劈挂拳两项金牌。

1995 年，他在国宝铁狮子脚下创办"镇海吼武术院"并出任院长。几年来，为社会培养武术人才数百人，先后有 14 名学生考入北京体育大学武术系，40 余名学生被各省体育院校录取，多人被省体工队、市体校等单位选调。2001 年被北京体育大学武术系确定为定点培训实习基地。2001 年、2002 年在沧县县委、县政府的大力支持下，积极倡导、组织并成功举办了沧县第一届、第二届传统武术演示交流大会，2003 年成功举办了第三届传统武术演示交流大会暨中国传统武术精英邀请赛。

他提出了"三名"（名人、名拳、名馆）战略。作为武协主席，他大力支持武校、拳社建设，通过组织演示交流，支持选手外出参赛，对武校校长、拳社掌门进行培训、组织外出学习考察，加大宣传力度，大力打造名人、名拳、名馆，希望有一天家乡的武术成为一项产业，不断发展壮大。

七、"常胜将军"刘连峻

青县盘古文武学校校长刘连峻，1961 年出生，八极拳研究会副会长、麒麟拳第十四代掌门人、兼任北京体大武术系客座教授、韩国全南科技大学跆拳道体育系客座教授和瑞士"拳术功夫学校"总教练等职。

他自幼习武，师从八极拳第七代掌门人吴连枝、拳师孙福泰、道家阴山派朱鹏等，内承八极异风，外采众家所长。擅长华山拳、铐枷拳、迷踪拳、劈挂拳、醉八仙、混元天罡功、十三节鞭、流星锤、方天画戟等。曾多次代表中国队参加世界武术比赛和表演，共获得 31 个国际冠军，国内冠军不计其数。被恩师吴连枝誉为"常胜将军"。他演练的麒麟拳多次获国际冠军和第五届香港国际武术节特颁"演练风格奖"，被香港媒体誉为"燕赵第一拳"。

他创编并示范的《中国八极拳高级竞赛套路》，通过国家武术院专家鉴定，定为全国统一教材。他的一家走出 5 个国际冠军，2005 年 10 月被国家体育总局授予"全民健身好家庭"殊荣；同年获沧州市"市长特别奖"；2007 年被武术权威机构授予"世界著名武术家"和"国际武术大师"称号；2008 年被沧州市评为"沧州十大体育能人"。

1997 年兴建的"盘古文武学校"如今有 99 人次获得国际大奖。6 名弟子成为"武英级"运动员。

2007 年 6 月，央视"武林大会"擂台赛六强中有 5 人是他的徒弟，弟子刘伟斌获年度总冠军和"武林盛典"最佳人气奖。

他曾多次到瑞士、法国、荷兰等国家讲学，传播中国武术。并同 20 多个国家建立友好关系，国内外新闻媒体对其事迹多次进行专题报道。

第三节　名师精英

一、轮椅上的武术大师韩志超

韩氏通臂劈挂拳花开一枝，威震武坛，如今门徒遍布大江南北，声名远播，仅嫡传弟子就逾万人。这上万人的武艺都源于一个人——韩氏通臂劈挂拳的掌门人韩志超。令人难以置信的是，韩志超竟是一个自 17 岁起就高位截瘫的残疾人。

1946 年 5 月，韩志超出生在沧州市区内的一个武术之家，成为韩家的长子。曾祖父韩玉堂就是武林高手，父亲韩俊元继承家学，还跟随著名武术家郭长生学习通臂劈挂拳。耳濡目染，到 7 岁时，小志超就可以打整套的通臂劈挂拳了。等到了 13 岁时，小志超的功夫已十分了得。14 岁时，凭着一身武艺和一表人才考进了沧州市评剧团担任武生。不料，一次在舞台上训练一个高难度动作时，由于保护失误，他的头重重地栽在地上，造成高位截瘫。武术之梦、舞台之梦彻底破灭，他万分绝望，痛苦欲生，家人的苦求让他终于放弃。

韩志超有 8 个弟弟，每到十三四岁就辍学伺候他，然后再打工补贴家用。

为此韩志超深感自责，他再一次想到自杀。弟弟们齐刷刷地跪在他面前哭喊让他吃饭。他再一次回心转意。从此坚定信心要做个有用的人。他萌生了教弟弟们武术的念头。他让弟弟们把自己抬到院子里，坐起来，给他们讲，教他们动作。开始能坐 10 分钟，后来是半小时，再后来是 2 个小时，直到头晕休克，双脚肿胀。几年之后，弟弟们的拳脚渐渐有了模样。

多年看书，中华武术的各门各派精华特点烂熟于心。他革新传统的通臂劈挂拳法，创编了 49 个招式。他把这套拳法教给弟弟们，弟弟们先后夺得 8 枚全国金牌。从此，他被人们誉为"轮椅上的武术大师"。

韩志超口授汇编了十多万字的武术研究资料，编著了自家武术套路精选一书，创编了十多种拳械套路，先后创办了韩氏九龙武馆、沧州林冲武术学校。半生授艺，弟子逾万。如今，韩志超担任沧州林冲武术学校校长，独自管理经营，不为赚钱，只为中华武术后继有人。

二、武术名师张少甫

白色长须，红润面色，身体健朗，武术名师张少甫一副仙风侠骨气派。他1925年生，回族，沧州市人。自8岁随李凤岗之子李庆临老拳师习六合，21岁又随张凤山习六合，后随张宝安习华拳，随济南左庆甲习钩、剑、枪，随临庆黑庆林习红拳，是沧州著名拳种六合门派的主要代表。《人民日报》、中央电视台等权威媒体多次对其进行报道。中央电视台《中国风》栏目多次录制他的专题节目，《武术大师张少甫》专题片在第二、第四频道多次播出。

张少甫25岁时开始在南川楼授徒，1983年在沧州市建立红旗拳社授六合拳术。1985年被厦门武术研究中心聘为总教练。1989年起先后赴安徽合肥、蚌埠、肖县，福建宁清县，山东沾化市，浙江东清县，广东朝阳县等地武术馆、社任教，授徒几百人。其高徒张峰现任武汉体院教练。

张少甫先后担任河北省人大代表、河北省政协委员、沧州市人大代表、沧州市政协委员。沧州市武术协会顾问、沧州市中国穆斯林武术馆副馆长、西安"沧州研究会"副会长、沧州市武术研习院顾问。2006年，河北省老龄委、河北省老体协授予张少甫大师"健康老人"称号并颁发荣誉证书。

三、郭贵增：通臂、劈桂得真传

郭贵增，1948年出生。10岁随祖父著名武术家郭长生习通臂劈挂拳长达

10 年，深得通臂、劈挂拳真传。1968 年从父郭瑞林练习通臂二十四式及武术散手，得通臂二十四式真传。1970 年后多次参加省、市组织的传统武术比赛、武术散手表演赛，代表国家队参加第二届世界传统武术节获得劈挂拳、疯魔棍两枚金牌。为沧州市传统武术的推广、武术散手比赛规则的制定及试行做了大量卓有成效的工作。通臂拳劈挂拳第七代嫡传人。现任沧州市武协副主席，通臂拳、劈挂拳研究会第一副会长。多年来积极参加沧州体育局及武协组织的各项武术比赛并获得较好的成绩。

1990 年第二届沧州武术节郭贵增获"十佳武师"称号；1991 年第三届沧州武术节获单人表演一等奖；同年获河北省传统武术观摩表演优秀奖；2006 年 8 月参加北京体育大学"首届中国传统武术交流表演大会"获劈挂拳特等奖；苗刀一等奖；2006 年 10 月参加郑州第二届世界传统武术节获劈挂拳一等奖、疯魔棍一等奖；2007 年 3 月参加香港"回归杯"第五届香港国际武术节劈挂拳一等奖。

四、石同鼎：鼎力传承六合拳

作为有着 400 多年历史的古老拳种六合拳，被列为非物质文化遗产名录。首批国家级非物质文化遗产项目代表传承人名单上，石同鼎榜上有名。六合拳传人石同鼎和他的弟子们在欣喜之余肩上多了一份责任。他说，作为沧州武术的传承人，他不仅要把六合拳传承下去，还要将沧州武术发扬光大，走出河北，走向世界，绝不能让六合拳失传！

据石同鼎介绍，六合拳法始传于泊头，到石同鼎这一代已是第八代传人。他的曾祖父是当地有名的"黑旋风神力千斤王"，父亲是六合拳的第七代传人。在那个动乱年代，人们不能光明正大地教授与习武，父亲就带他和弟弟，到村子里偏僻的地方去练习。即便是这样，父亲还是遭到了冲击，就连家里祖传关于六合拳的书籍、枪、剑等器械也遭殃，全部被搜去销毁。

幸好父亲拼死拼活保留了一部分，六合拳才没有失传。石同鼎说，父亲生前最大的愿望就是把六合拳传下去。为了完成父亲的心愿，他建起了一个武馆，取名叫"六合武馆"，资金是他多年的积蓄以及亲朋好友帮助筹集的。从此他开始广收门徒，传承六合拳。

由于六合拳的拳理博大精深，功夫完备，套路多，内容广，极具健身技击功效，一直很受武人喜爱，许多家长把孩子送到这里，强身健体也罢，减肥瘦身也好，不分民族，不分男女，不分年龄，只要虚心想学六合拳，石同鼎都会认真地传授。石同鼎的目的就是要把泊头的六合拳推广出去，让人们认识泊头，认识沧州，知道六合拳。

据石同鼎介绍，以前六合拳有"非为人忠厚且功底深厚者不得传之"之诫，又因"非师年迈不选授绝招之徒"，再加上六合拳传人谨遵门规"十不传"，代代获绝招真传者甚少。石同鼎则认为习六合者不分贵贱亲疏，授徒不问地域民族，技艺主张兼收并蓄，崇德向善，强体强国，御侮有志，国难无叛逆，健身是良方，效国为资本。他说，"六合拳法"非一地一姓一家一人之"私产"，是民族团结之纽带，中华武林之奇葩，文化之瑰宝。所以，他要把六合拳传承下去。

五、八极传人吴连枝

吴连枝出生在 1947 年，是开门八极拳七世嫡传。吴连枝的祖父，是在清末大闹巡盐府而惊动慈禧太后和光绪皇帝威震武林的八极拳第五代掌门"铁巴掌"吴会清；他的父亲，则是曾在贺龙元帅面前表演并受到其高度赞赏、享誉全国的武术大师"神拳"吴秀峰。八极拳在历经 300 年的沧桑岁月里，以崩撼突击等独特风格而享誉武林，是中华民族不可多得的精神和文化财富。

吴连枝 18 岁授徒，弟子中有成就者数十人，多次在全国及国际武术比赛中摘金夺银。他本人现为国家高级教练、武术八段。

他刻苦勤奋，在挖掘、继承历代八极拳掌门拳术经验的基础上，结合现代生物力学、人体解剖学等科技知识，给古老的八极拳插上现代科学的翅膀，使八极拳飞出亚洲，飞向世界。1982 年以来，先后接待过日本、美国、韩国等 20 多个国家和地区的武术团体和武术爱好者，40 余次应邀赴日本、韩国、意大利等国讲学。吴连枝 12 次东渡日本教授八极拳，足迹遍及日本各大中城市。风靡世界的日本电子游戏《VR 战士》系列，至今的全球销量已经达到了 400 万套。游戏开发已经进入了第五代，包括中国的少林拳、燕青拳、螳螂拳、虎燕拳还有国外的跆拳、柔道、摔跤，都是游戏的内容，而以吴连枝为原型的结成晶和他的八极拳是永远的主角。

吴连枝在八极拳的理论和技术研究上颇有著述，在日本出版了《吴氏开门八极拳》著作三部，在国内出版发行了《中国传统武术系列规定套路——八极拳》一书。用中、日两种语言发行的教学光盘达二十余盘。其用力学原理解释的八极拳技术论文十多篇，是目前中国武术界颇具影响的武术家之一。

八极拳，现已被国家体育总局列为全国十大优秀拳种之一，奠定了它在中华武林应有的地位。伴随着中外文化交流的日益频繁，他建成了国内外首家集八极拳教学、科研、外联于一体的综合性正规培训机构——孟村八极拳国际培训中心，以更好地继承、充实、完善和光大这一优秀传统文化。

六、金牌教练时中秀

王晓楠、崔文娟、阚文聪、李蒙蒙、刘振玲……这些在沧州武术界响当当的人物，都曾师从于同一个人：沧州体育学校武术女教练时中秀。因为弟子们经常在各种重大武术比赛上摘金夺银，她被人们亲切地称为"金牌教练"。

时中秀是土生土长的沧州人。武乡的风武乡的云滋养着她，她从小习武，颇有几分天资和灵性。1973 年，河北省举办武术比赛，时中秀被选中参赛，获得剑术和拳术两个项目的第二名。第二年，她又在河北省武术比赛中获得剑术第一和枪术第二的好成绩。1976年，沧州体校成立武术班，时中秀被调任武术教练，从此，她的名字与沧州武术紧紧连在一起。

从教之初，条件简陋，时中秀带着十几个队员，在操场上，在风霜雪雨中进行训练，晒得又黑又瘦。迎来一批批小选手，送走一批批运动员。惜才、爱才、育才、护才，从王晓楠到崔文娟再到阚文聪、李蒙蒙，几十年来，她培养出一个又一个全运会、亚运会、世锦赛冠军，带领着队员们实现了沧州武术零的突破。

2001年，王晓楠在第九届全运会武术比赛中夺得女子刀棍全能冠军，为河北代表团取得首枚金牌；同年11月，又在第六届世界武术锦标赛上夺得棍术金牌，成为我市第一个全运会和世锦赛双料冠军，取得了沧州竞技体育史上的重大突破。2005年，崔文娟在第十届全运会武术比赛上获得太极拳、太极剑全能冠军；2007年，她取得第九届世界武术锦标赛太极剑冠军，2008年亚洲武术锦标赛再获金牌。小将阚文聪紧随其后，继夺得亚运会金牌后，2011年，在第11届世界锦标赛上，她又获得剑术、枪术冠军……在这些女子武术运动员的拼搏和奋斗下，沧州武术队真正实现了竞技武术赛事的大满贯。

时中秀在对学生的训练上，借鉴了一些田径、体操及舞蹈上的形体动作，用舞蹈之美弥补武术的硬度，不仅提高了学生的身体素质，

还增加了项目的观赏性。首创的"头抱脚"动作，就是从舞蹈动作中借鉴过来的，这个动作填补了传统武术的空白，如今已成为女子武术的基本动作。

"好的武术队员都是好运动员，在台上比赛只有一分多钟，要在这么短的时间把自己的素质和基本功都展示出来，没有一个好的基础是不可能做到的。"在时中秀带的学生中，百米跑的速度都是13秒多，传统的女子800米长跑，到时中秀这里变成了冲刺跑，一个动作不规范，就无数次地重新来过。在这个过程中，时中秀和她的学生们一起，一次又一次挑战身体和心理的极限。时中秀说，

既然选择了武术，就必须坚持，咬着牙流着泪也要坚持，坚持到最后，这是武术的一种精神，也是竞技体育的魅力所在。

崔文娟跟随时中秀习武 7 年。在生活上，老师像慈母一样悉心呵护她，在训练场上则像严父一样，刻薄地挑出她每一个不规范的地方。一次，小文娟做"挑棍"动作不十分规范，就被罚连续做了 200 个挑棍动作。一堂课下来，文娟的胳膊好多天都抬不起来。在时中秀严格要求下，崔文娟从一个名不见经传的小姑娘到连续多年蝉联省锦标赛、省运会长拳冠军，入选广东体工队，成为享誉世界的"太极皇后"。

学生们背后都说，时老师在训练场上是"魔鬼"教练，在生活中是慈祥的妈妈。30 多年来，时中秀教过的学生，没有一个不"享受"到"时妈妈"的特殊照顾。孩子病了，时妈妈守候在身边送水喂药，嘘寒问暖；武术队员年龄小，学校没有低年级可供其就读，时妈妈就骑上自行车跑遍周边小学联系，直到队员顺利上学；寒暑假，时妈妈就组织队员请教师辅导功课，并亲自检查队员作业情况……

沧州第一个全运会与世锦赛双料冠军王晓楠从小生长在一个贫寒的单亲家庭。入选体校武术队时还是个 8 岁的小女孩。她进步很快，由于生活拮据，她萌发了退学出外谋生的想法，并得到妈妈的支持。时中秀听说后却非常担忧。她一方面跟晓楠和她的家人做工作，一方面向领导反映情况，减免了大部分费用。从那后，她常常让晓楠到家里来吃饭，把她当成自己的女儿。

沧州武术界仅有三名国际健将，她们分别是王晓楠、崔文娟、阚文聪，都是时中秀的弟子。时中秀和她的弟子们，用武乡儿女的飒爽灵逸，演绎着"更高、更快、更强"的体育精神。

参考文献

[1] 周宝忠. 河北沧州武术民俗 [M]. 郑州：中州古籍出版社，2020.

[2] 杨志刚，杨凯. 沧州武术 沙家门三十六把扣子 [M]. 北京：北京体育大学出版社，2016.

[3] 《沧州武术志》编纂委员会. 沧州武术志 [M]. 石家庄：河北人民出版社，1991.

[4] 韩红雨. 国家与社会视野下沧州武术研究 [M]. 北京：人民体育出版社，2018.

[5] 李文厂. 沧州武术 [M]. 北京：新华出版社，2006.

[6] 张徽贞. 青少年应该知道的沧州武术 [M]. 济南：泰山出版社，2012.